孩子的需要

[丹]耶斯佩尔·尤尔
(Jesper Juul) 著
刘云华 译

机械工业出版社
CHINA MACHINE PRESS

Original title: Respekt, Vertrauen & Liebe: Was Kinder von uns brauchen by Jesper Juul, Copyright ©2020 by Beltz; www. Beltz. de. This edition is authorized for sale in the Chinese mainland (excluding Hong Kong SAR, Macao SAR and Taiwan) Unauthorized export of this edition is a violation of the Copyright Act.Violation of this Law is subject to Civil and Criminal Penalties.

本书由Beltz授权机械工业出版社在中国大陆地区（不包括香港、澳门特别行政区及台湾地区）销售。未经许可的出口，视为违反著作权法，将受法律制裁。

北京市版权局著作权合同登记　图字：01-2020-5616号。

图书在版编目（CIP）数据

孩子的需要 /（丹）耶斯佩尔·尤尔著；刘云华译. — 北京：机械工业出版社，2022.2
ISBN 978-7-111-69901-9

Ⅰ. ①孩⋯　Ⅱ. ①耶⋯ ②刘⋯　Ⅲ. ①青少年教育 - 家庭教育　Ⅳ. ①G782

中国版本图书馆CIP数据核字（2021）第261796号

机械工业出版社（北京市百万庄大街22号　邮政编码100037）
策划编辑：刘文蕾　丁　悦　　责任编辑：刘文蕾　丁　悦
责任校对：孙莉萍　　　　　　　封面设计：吕凤英
责任印制：单爱军
北京新华印刷有限公司印刷

2022年3月第1版第1次印刷
145mm × 210mm·6.75印张·103千字
标准书号：ISBN 978-7-111-69901-9
定价：59.80元

电话服务　　　　　　　　　　网络服务
客服电话：010-88361066　　　机 工 官 网：www.cmpbook.com
　　　　　010-88379833　　　机 工 官 博：weibo.com/cmp1952
　　　　　010-68326294　　　金 书 网：www.golden-book.com
封底无防伪标均为盗版　　　　机工教育服务网：www.cmpedu.com

享受和孩子在一起的时光,
这对您和孩子来说就是最好的事。
——耶斯佩尔·尤尔

媒体对耶斯佩尔·尤尔的评论

丹麦家庭教育专家耶斯佩尔·尤尔帮助成年人解决最棘手的育儿问题：如何与儿童打交道。

——《时代周报》

家长喜欢耶斯佩尔·尤尔，因为他为家长开辟了走出当前教育困境的道路。

——《法兰克福汇报》

耶斯佩尔·尤尔的书是真正的畅销书，它谈及了家庭中最困难的事情之一：如何正确地养育孩子。

——《南德意志报》

这位丹麦家庭治疗师是一个睿智之人。多年来，他凭借自己充满智慧和热情的育儿建议，帮助了很多父母，减轻了他们养育孩子的负担。

——《游戏与学习报》

耶斯佩尔·尤尔是欧洲大陆上最有影响力的家庭治疗师之一。

——德国女性杂志《碧姬》

耶斯佩尔·尤尔是现代教育的光芒。与其他专家相比，他不强调困难，而是强调亲子关系中的资源，他以轻松乐观的态度反对自怨自艾。

——《明镜周刊》

著名的丹麦家庭教育顾问耶斯佩尔·尤尔从他40年的专业经验中汲取智慧，理智的论证方式令人信服和喜爱。

——《图书画报特刊》

译者序

教育的核心是什么？我们到底想要培养出什么样的孩子？我们应该如何跟孩子交流？怎样更好地建立亲子关系？实际上，很多家长和教师都没有真正思考过这些问题。在现在这个社会里，很多人都喜欢随波逐流，缺乏对教育这件事情的深入理解。特别是在近些年，教育压力仿佛越来越重了，不管是家庭教育也好，还是学校教育也罢，似乎都有一股巨大的力量裹挟着我们。为了不让孩子输在所谓的"起跑线"上，家长只能不断地往前冲。

"内卷"这个词一度被炒得热火朝天。"内卷"是说只在事物内部进行不断地重复，尽管越来越精细和复杂，但是归根结底仍然是低效的重复，无法实现飞跃和质变。在我们的教育中，内卷现象也特别突出，家长掏钱给孩子报特别多的辅导班，孩子的成绩不见得提高了多少，家庭幸福度反而降低了很多。家长和孩子好像掉进了一个教育竞争的"陷阱"，越陷越深且无法自拔。那么，我们应该如何破解这个难题呢？欧洲最具创新力的家庭治疗师、国际家庭实验室的创始人耶斯佩尔·尤尔的这本书展现了他独特的教育思想和教育理念，或许能够给我们提供一些破解上述难题的启发。

耶斯佩尔·尤尔的一些教育思想表面上看起来似乎和我们社会文化中的常理相悖，实际上却自有它的道理和深意。比如，我们喜欢以一种命令式的语言去和孩子交流，"该吃饭了""该睡觉了"，我们以为这种说话方式很正常，但是这种语言对于孩子是缺乏尊重的，孩子从这样的话语中感受不到家长对自己的尊重，并且他们也会学着使用这种语言去和别人交流，但是当他们使用这种命令式的语言时，就会被大人评价为不礼貌和没教养。因此，耶斯佩尔·尤尔呼吁成人跟孩子交流的时候使用另一种充满尊重的语言。再如，他反对家庭里的"扮演"行为，认为如果以这种角色扮演的方式在家庭里生活，每个人都会出现问题，因为每个人都不是真实的自己，而家庭应该是最自由的、可以真实地做自己的地方。此外，在对待叛逆的青春期孩子的时候，耶斯佩尔·尤尔看问题的角度也和家长们不一样。书中分享了一个小故事，一个青春期女孩坚持要在自己的身上打孔，在家长看来她是无可救药的，但是耶斯佩尔·尤尔却宽慰家长说他们的女儿是有勇气的、坚定的和独立的，家长应该信任自己的孩子，并且应该庆幸自己培养出了一个敢于坚持自我的女孩，而这一点是当今社会上很多成年女性所缺少的。

在这本书中，耶斯佩尔·尤尔特别强调了他有关"关系能力"的教育思想。这种能力不仅仅涉及如何处理亲子关系和家校关系，还会涉及如何处理与他人之间的关系。当我们能够处理好自己与身边人之间的关系时，很多问题就会迎刃而解了。矛盾和冲突是我们在生活中无法避免的，如何处理矛盾和冲突、顺利地解决难题，就是一个人关系能力的体现，也是一个人的核心竞争力之一。

耶斯佩尔·尤尔的这本书通过讲述许许多多的教育小故事和主题式的咨询片段来呈现一幕幕的教育场景，故事和咨询背后处处透露出他对教育的哲思。让我感受很深的一点是，耶斯佩尔·尤尔强调孩子不是夫妻生活的全部，夫妻需要拥有自己的时间和空间，并且应该注重陪伴和呵护自己的伴侣。耶斯佩尔·尤尔想让很多家长明白，孩子是家庭生活的一个重要组成部分，但不是所有。当家长想通这个道理的时候，全家人都会轻松很多。当然，这本书不仅仅是献给家长的礼物，教师和相关教育工作者也可以从这本书中获得很多教育能量。耶斯佩尔·尤尔在书中也特别提到了教师这个职业的变化、从事教师所需要具备的关键能力是什么等问题。

耶斯佩尔·尤尔于 2019 年 7 月病逝，这本书主要是由德国家庭实验室创始人马西斯·福尔切特依据耶斯佩尔·尤尔生前所做的三场演讲内容整理而成的，其目的是将耶斯佩尔·尤尔的教育思想献给全世界。

耶斯佩尔·尤尔的教育思想和教育理念值得多次回味和咀嚼，让人受益无穷。最后，我想以书中的一句话作为序言的结尾："享受和孩子在一起的时光，这对您和孩子来说就是最好的事。"

刘云华

前　言

与孩子一起生活的基石，即这本书的核心内容——尊重、信任与爱，它来源于耶斯佩尔·尤尔的坚定信念：世界上成千上万的家长都是养育自己孩子的专家，他们每天都把自认为最好的东西奉献给孩子。正因为如此，尤尔才对有关"教育是什么"的辩论不感兴趣，他感兴趣的是寻找因材施教的方法。我们每个人都是不一样的个体，会受到自己的成长史、原生家庭、习俗、文化和社会的影响，因此如何深入到这些影响因素里才是关键。尤尔认为联系这些因素的纽带就是"关系"。我们应该如何运用"关系"来改善教育，答案就在这本书中。

耶斯佩尔·尤尔于 2019 年 7 月去世，享年 71 岁。尽管多年来重病缠身，他仍然投入了大量的时间和精力到工作中，他倡导儿童成长和家庭陪伴的同等重要性。在去世前的两个月，他还曾与贝尔茨出版社的编辑谈到了出版本书的想法。我们多久谈论一次"尊重、信任与爱"这样的话题？——而这就是成功教育的本质。耶斯佩尔·尤尔在他的讲座和咨询中多次谈到这个话题。不幸的是，他无法亲自将自己付诸心血的项目转变成书籍，现在由我来完成此书内容的摘选和整理工作。

本书根据耶斯佩尔·尤尔于2011年（生病前不久）所做的三场演讲编写而成。在德累斯顿，他讨论了教育就是一个关于尊重的问题；在汉堡，他谈论了青春期以及为何从孩子12岁开始就不再可能进行教育；在科布伦茨，他讲述了自己对新型教育文化的憧憬。让孩子学会"尊重"一直是教育的重点，然而儿童和青少年却屡次被成人指责缺乏尊重行为。对此，耶斯佩尔·尤尔却表示：不是孩子缺少尊重行为，而是成年人经常不尊重儿童和青少年。他不仅向家长，更向这个对儿童不甚友好的社会表达了此观点，他以独特的方式改变了观察事物的视角。他一如既往地平和地对待家长，了解家长的需求，理解他们并与他们交流。当然，这本书也同样适用于像成千上万的其他家长一样参加耶斯佩尔·尤尔的讲座和咨询的专业人士。

我们应该如何对待那些躺在地上并且无论如何都要吃冰激凌的孩子？认真对待孩子，告诉他们，我们了解他们的愿望，但这并不意味着我们一定会满足他们的愿望。当孩子从学校回到家，告诉家长自己成绩不好时该怎么办？耶斯佩尔·尤尔表示：不要用不恰当的方式使孩子服从，而要和孩子一起共同努力寻找原因和解决的方法。"我们可以让孩子感到畏惧,但我们必须赢得孩子的尊重",这是他对所有与孩子关系亲密的人提供的建议。当家长面对青少年懦弱退缩时,该怎么办?仔细观察,相信他们,这就是尊重。孩子的行为问题正反映了他在日常生活和人际关系中所遇到的问题,这时就需要交流、交流、交流——用真诚的语言进行交流。

当然,父母也同样需要尊重,特别是来自社会的尊重。<u>爱不是牺牲——父母和教师也需要自由的空间,获得比他们当前拥有的更多的支持。</u>

成年人如何才能在尊重、信任与爱的这三个支柱上与孩子打交道?答案不仅体现在这本书中,还体现在耶斯佩尔·尤尔创立的家庭实验室(Family lab)里。耶斯佩尔·尤尔在2004年创立了国际家庭实验室,旨在建立一个加强家长联系的网络。由于我被耶斯佩尔·尤尔那令人尊重的态度所折服,两年后我在德国建立了家庭实验室——家庭工作坊。从那时起,我一直带领着这个组织。到现在我们已经培训了700多名家庭实验室培训师和家庭顾问,他们通过日常的咨询工作不同程度上提升了家长和教师的教育能力。为了贯彻耶斯佩尔·尤尔对待成人和儿童的处世态度和行为方式,我们分别在奥地利、瑞士等使用不同语言的22个国家和地区建立了家庭实验室,并都加入了家庭实验室协会。

耶斯佩尔·尤尔始终不愿意把自己呈现在舞台前，而更愿意将他的思想献给世人，这也是为什么他从不希望以他的名字命名幼儿园、学校或者其他机构。我们的目标是使他的影响和他那具有开创性的教育思想更贴近人们，而不是被世人所淡忘。

这本书是耶斯佩尔·尤尔的遗产——祝您在阅读中收获良多。

马西斯·福尔切特
德国家庭实验室创始人兼负责人

目　录

译者序
前　言

01　教育——一个关乎尊重的问题

刻意的教育并没有作用	005
新型的教育需要一种新的语言	006
被允许说"不"，是为了更好地说"是"	009
带着共情陪伴孩子成长	013
认识自己的孩子	016
尊重自主权与权威的矛盾	018
耶斯佩尔·尤尔谈个人责任	020
耶斯佩尔·尤尔谈责任感	023

孩子的需要

02 信任需要对话

可以这样，不可以那样 030
青少年尤其需要我们的信任 032
重要的是内心 036
请父母管好自己的嘴 037
谁对我的信任负责 039
耶斯佩尔·尤尔谈信任 041
耶斯佩尔·尤尔谈做决定的理由 043

03 爱与心灵的语言

在没有"教育学"的家庭，孩子会生活得更好	050
充满爱的行为	051
孩子从家里学会什么是爱	052
我的行为我负责	054
从打孔的权利到自己的生活	056
耶斯佩尔·尤尔谈批评父母的决定	059
耶斯佩尔·尤尔谈青少年的激进语气	060
耶斯佩尔·尤尔谈与孩子交流	060

04 父母的爱不是牺牲

我们想要什么样的孩子	065
少就是多	069
父亲是爱的领导者	071
耶斯佩尔·尤尔谈兄弟姐妹关系	074
耶斯佩尔·尤尔谈公平分配家务	077

05 全身心地交流：充满尊重、信任与爱的对话

用棉绒包装的爱	086
没有真正引发兴趣的对话没有意义	088
谁来做决定	091
犯错有时是好事	093
生活中不止有对与错	094
耶斯佩尔·尤尔谈家庭讨论	095
耶斯佩尔·尤尔谈是否要保护孩子免受压力	099

06 尊重孩子的表现

无成年人的儿童区和无教育的时间	108
尊重孩子的边界	110
刺激和过度刺激的界限	112
第九种智力	113
从儿童的能力中学习	116
耶斯佩尔·尤尔谈青少年夜晚离家时长	119
耶斯佩尔·尤尔谈早教	120

07 顺从使人生病

学校需要学生，而不是孩子	128
"请保持安静！"	130
用尊重传递尊重	132
用自主负责代替顺从	134
我们可以让孩子感到畏惧， 但我们必须赢得孩子尊重	136
孩子永远不会比大人过得好	137
欺凌是学校领导力的问题	139
耶斯佩尔·尤尔谈家校对话中的尊严	141
耶斯佩尔·尤尔谈青少年和酒精	143

08 将困难的行为视为邀请

家庭作业属于学校	150
负责的领导	153
关系能力影响专业能力	155

罗恩和粉红色的笔	157
耶斯佩尔·尤尔谈孩子哭泣	163
耶斯佩尔·尤尔谈孩子对学校零热情	170

09 尊重意味着保持个体的边界

"老师对我们的尊重在哪里?"	177
融合、合作和信任	179
耶斯佩尔·尤尔谈孩子在幼儿园和学校中的一贯性	182
耶斯佩尔·尤尔谈青少年沉默	185
给孩子的信	190
致谢	193

Respekt, Vertrauen und Liebe
Was Kinder von uns brauchen

刻意的教育并没有作用

新型的教育需要一种新的语言

被允许说"不",是为了更好地说"是"

带着共情陪伴孩子成长

认识自己的孩子

尊重自主权与权威的矛盾

耶斯佩尔·尤尔谈个人责任

耶斯佩尔·尤尔谈责任感

01

教育
——一个关乎
尊重的问题

孩子的需要

孩子的需要

在与父母的座谈会和对话中,我经常听到的话是,养育孩子最重要的是满足孩子的需求。但是,认真对待孩子的需求和愿望到底意味着什么?愿望和需求之间的区别是什么?这是否意味着孩子应该拥有他们想要的一切?想象一下,如果我按照所有找我咨询的人期待的那样"认真对待"他们每一个人,那么每次咨询将会持续 24 个小时。

但是在这之后会怎么样呢?毕竟我们——父母、祖父母、教师、相关教育者以及所有与孩子亲近的成年人都希望能为孩子提供他们所需要的东西。实际上,在这个主题里隐藏着一个非常重要而特别的概念:尊重。人们对"尊重"的理解有很大的差异。记得我在德国第一次做报告的时候,是在 1961 年左右,当时我还在念大学,那时旧版杜登德语词典里对"尊重"一词的定义是"服从"。今天这个解释已经不存在了。我不想过多地去讨论它,但我想说的是,这种变化非常重要。在我们与儿童打交道的过程中,有如此多的成年人都希望尊重儿童,这种现象是全新的,它的出现也引发了大量的实验研究,这些研究的数量比历史上我们对这个问题的所有讨论还要多,这足以说明此想法的新颖。

从某种程度上来说,与之相关的另一个概念是"权力"。如果我们关注不同的人对教育的看法,就会出现非常古板的——实际上是过时的——两极分化的情况出现。一方面,我们有权威的教育方法,另一方面我们也存在反权威的教育方法(也称为自由放任的教育风格)。只要在这两个极端中谈论教育,我们就无法进步,因为很多研究都表明:我们必须换一种思路了。

我们需要一种全新的方式,因为这两种旧的教育方法都行不通了。放任自由根本就不现实,那样孩子只会做他们自己想做的事情。另外,现在可能也并不存在那种真正古板的、严格的等级制和专制的家庭结构。即使存在这种家庭结构,也是极端现象。那么我们现在到底有什么?能做什么?应该怎么办呢?

首先,我想清楚地表明:我永远也不想写一本告诉家长什么是正确养育孩子的方法的书，这仅仅是出于非常简单的原因——我对此一无所知。我不知道该怎么做，那从来不是我的工作，也不是我的兴趣。我观察到，每个城市大约有2000~4000种不同的养育方式，它们似乎都或多或少地取得了成功。所以说，世上并不存在绝对正确的养育方式，也不存在绝对错误的养育方式。我的工作一直是试图帮助那些与孩子之间关系不融洽的成年人，如父母、教师和儿童心理学家等。

那么，如果作为母亲或者父亲，当你们对与孩子的关系不满意时应该怎么办呢？一个非常普遍的问题是："如果我两岁的孩子不想刷牙，我应该强迫他刷牙吗？还是不能那么做，因为那是错误的方式？"这是一个好问题，因为它表明了人们正在思考什么是对和错。强迫孩子做事会有损孩子的人格吗？父母对保护孩子的牙齿有什么样的责任？如何让孩子在8岁或者9岁的时候掌握正确的刷牙方法呢？这些问题都很有趣，因为它表明，即使是年轻且受过教育的家长也只会用这两种方式思考：要么是孩子自己决定做他想做的事情，要么是由家长决定。因此，总会有这种两极化的、非对即错的、非黑即白的情况出现。但不幸的是，这并不是一件简单的事。因此，那些美好的期待就开始发挥作用,大概是这样的情景:每天,当妈妈告诉孩子:"现在我们去刷牙!"孩子给妈妈一个吻,然后回答:"妈妈,我爱刷牙!我们能马上就开始刷牙吗?能刷两次吗?"

刻意的教育并没有作用

大多数情况下,我们所说的教育并不能达到教育的目的。它不会给孩子们留下深刻的印象,即使它留下了印象,通常也是不太好的印象。那我们应该怎么做呢?我们仅仅会继续"教育"。我经常会遇到家里有两个孩子的父母,他们在面对一个孩子的时候已经束手无策了,面对两个孩子时,更加感到不知所措,因为这会耗费他们非常多的精力。或许父母对教育这件事有误会?或者他们应该把孩子"卖掉"?我想在这里清楚地表明:这样的教育不仅仅会使人精疲力竭,有时还不会起到任何作用。

那么我们怎样才能更好地教育孩子呢?答案是,教育包含在所有的一切中。我们成年人所做的一切都在发挥着教育的作用:我们如何与孩子、邻居、面包师以及自己的父母交流?我们如何与其他人打交道？我们对什么感兴趣？——音乐、艺术、园艺、汽车？这些所有的东西中都包含着教育——而刻意"教育"则没有任何意义。也就是说，在亲子关系中，我们可以放弃刻意的教育，之后我们和孩子就会拥有更多的自由。

新型的教育需要一种新的语言

受文化的影响，关系在大多数时候都通过语言发挥作用。父亲和母亲之间或者男女之间应该平等的观念是全新的，并不是天然就有的。德国慕尼黑以南的大多数州都认为，我们是疯了才会认同和相信这样的理念。然而，我们仍然怀揣着这样的理念，即希望以某种平等和尊重的方式与我们的孩子打交道，我们要拒绝暴力。当然，这个想法也是全新的，这意味着我们目前还没有针对这种新型关系的话语出现。

旧的教育方式只有一种"语言"——命令。我从我孙子那里学到了很多东西，他就像是我的儿子，而我的儿子也像我，因此这算是我第二次全神贯注地观察他。我的孙子不喜欢被人下命令，所有的孩子都一样，他们不喜欢被命令，但是我们现在的语言却是一种命令式的语言:"去吃饭!""该睡觉了!"命令式的话语通常对命令的接收者来说缺少尊重。如果有人这样对我的孙子下命令,他会回答:"我不饿"或者"我不累"。这时候下命令的人会处于火山爆发的边缘,并质问自己:"我现在到底在干什么?"随后就会出现家庭式的政治性问题:我能够替孩子做决定吗?还是应该由孩子自己做决定?

关于权力和如何分配权力的问题我们可以这样思考:赋予孩子自主权对孩子有好处吗?这时权威型的家长会说:"一点儿好处也没有!如果孩子有了自主权,可能就不会听从家长的意见了,那么当他们真正遇到危险的时候怎么办呢?"其他家长会说:"我们不应该强迫孩子吃饭或者睡觉。"那我们到底应该怎么办?我的儿子和儿媳知道如何做,因为他们两个都拥有非常棒的父母——我做父亲的前三年表现得并不是很好,但我儿子有一个特别棒的母亲。因此,我儿子和儿媳很快就学会了如何解决这类问题——他们告诉儿子:"饭已经做好了,要是你饿了,随时欢迎就餐"。这时候,他们的儿子就像所有三岁男孩一样回答:"我不饿。"因为他总是忙于其他事情,这世上并没有任何人可以和他的胃进行对话。然后他爸妈会说:"好吧。"之后大概在 2~10 分钟之内，孩子就会坐到餐桌上开始狼吞虎咽。

睡觉这件事也是一样的道理。当母亲或父亲告诉孩子："孩子，你需要在半小时内去睡觉，当你困的时候告诉我。"孩子会回答："我不困"。但我知道，他会在接下来的 20 分钟内来到父母身边，并且会非常有礼貌地询问："我的好妈妈／爸爸，你能哄我入睡吗？"当然，这只是一个幻想。

世界上有许多家长在哄孩子睡觉的过程中会遇到巨大的困难，就像一场戏剧性的表演，会持续很长的时间。家长必须和孩子同时躺下并闭上眼睛，然后设法让孩子睡着。如果站在第三者的角度来看，这是否意味着我的孙子现在已经有掌管这个家的权力了？不，并不是这样。家长拥有完全的权力，他们只是需要把孩子当作一个独立的人去认真对待。<u>尊重孩子，是因为孩子也是一个生命个体，我们不能给他下命令并期望他顺从地回答："好呀！"</u>过去我们总是期望从孩子那里得到肯定的回答，许多父母最喜欢的表达方式是："现在马上听我的话，按照我要求的去做！"孩子不仅要顺从，而且必须要立即顺从。好像这样做，他们就能很好地被培养和教育了。

被允许说"不",是为了更好地说"是"

现在我们来聊聊成年人。我作为心理咨询师已经给成年人提供咨询帮助接近 40 年了。在这 40 年里,我遇到的来访者 80% 都是女性,她们的经历可能完全不同,但她们却或多或少地面临着相同的困难:无法感知到自己的界限在哪里,也无法认真地交流。她们无法说"好的",也无法说"不行",这给她们带来了很多麻烦。在最初的 30 年里,她们生活得很顺利,有了孩子之后,她们的生活仿佛就进入了地狱。她们的情况是这样的:我很受大家的欢迎,因为对别人来说,我是一个很好相处的人——因为我总是说"没问题。"对于雇主来说,寻找这样的人是他们的目标,对于合作伙伴来说——能有这样的合作者太棒了!同样的,孩子们也希望在母亲那里永远有一家可以每周 7 天、每天 24 小时都保持营业的"服务店"。但是,这样的生活方式会使人生病,并且会患上严重的病。

当我们作为父母讨论这个问题时,我们可以明确自己的目标到底是什么。我们可以问自己:我们到底想要什么?我们想要教育出一个听话的人吗?我们想要培养出一个优秀的哲学家吗？我们想要培养出一个自由的人吗？我认为，当今时代，作为父母的我们必须仔细考虑上述问题，不断地思考自己的价值观是非常重要的事情。在我出生的时候，这些对我的父母来说一点儿都不重要，因为那时候每个人都知道如何养育孩子。如果我的父母不知道怎么做，他们就会去询问他们的兄弟姐妹、邻居和老师——他们所有人都有几乎相同的意见，这样我的父母就有了来自集体的外部支持。从感性的角度来讲，这个问题在当时就变得很简单了，因为每个人对孩子都有着几乎同样的教育意见。

对我们这一代人来讲，这件事也很容易。因为我们觉得只要采用和我们父母完全相反的教育方式就是正确的，一切都会很顺利，然而事实并不是这样。当今时代的父母其实才是真的育儿先锋，因为他们已经没有这种共识了，而且也没有什么专家或者旁人对他们说："你这样做是对的。"因此，现在的父母会陷入迷茫，不知如何是好。出于这个原因，他们总是会问："我应该或者说我能够强迫我两岁的还去刷牙吗？"不幸的是，这个问题的答案有点复杂，因为这与他们使用的语言和期望有关。

我在20世纪90年代初写了《您能干的孩子》（*Dein*

Kompetentes Kind）一书，因为我和来自肯普勒研究所的同事们通过很长一段时间观察发现，旧版的发展心理学在对外表达上犯了一些错误，其整个研究都是不正确的，为什么会这样呢？最初，发展心理学被视为儿童心理学，是非常普遍的事，因为它主要关注的是一个孩子从出生到成年的发展过程。谁会算数，谁就是成年人。我现在还记得，直到不久前，医学界仍旧普遍认为幼儿在手术期间不需要进行适当的麻醉处理○。现在我们知道了，即使是小孩子也会感到疼痛。这个例子还说明，小孩子，甚至是在我那个年代的小孩子仍然没有被看作是"真正"的人。

此外，"抵制新人"这种想法非常普遍。成年人必须向更年少的人表明，成年人才是真正有权力做决定的人。持这种态度的人通常是儿童的敌对者和那些专横跋扈的人，因为他们担心，"要是不制止这些年轻人，他们会在我的鼻子上跳舞"。

但我却有完全不一样的看法。我认为孩子们善于合作，想要参加互动，并且他们对权力完全不感兴趣。孩子想要并且需

○ 这确实有悖于常理，也正说明那个年代的人并没有把孩子当作"真正"的人，所以旧版发展心理学才会出错。——译者注

要交流、尊重、信任和爱！我认为，那些写出上述观点的发展心理学研究者，从来没有和孩子的父母一起接触过孩子。从这种角度出发，他们当然不会发现有任何不妥。

在《您能干的孩子》一书出版后，我很快被邀请去参加讲座，当时我遇到了我的偶像之一——丹尼尔·斯特恩，那时候我还不是特别了解他。

他是最成功的（发展心理学）基础研究员之一，正是他和他的团队改变了发展心理学。丹尼尔·斯特恩、彼得·福纳吉等人致力于主体间性的研究，他们的研究与约翰·鲍尔比的早期依恋关系研究相结合，对我们今天看待婴儿、幼儿、儿童和青少年的方式产生了重大的影响。

那时候，丹尼尔·斯特恩和他的团队对儿童和父母之间的早期关系进行了全天候的拍摄，并通过这种方式收获了很多宝贵的资料。对我和我的团队来说，能够见到丹尼尔·斯特恩是一件非常开心的事。之前我们一直觉得我们哪里搞错了，当我们看到成人和孩子之间的关系相互作用的时候，我们所有的经验看起来似乎都不正确，因为这些经验都不符合我作为老师和作为父亲所掌握的关于发展心理学的知识。因此，当现在一些研究者告诉我们"那些（发展心理学的知识）确实不正确"的时候，真是令人惊喜。现在除了我们团队以外，有很多脑科学研究者一起来证实这些研究成果，我们可以平静地讨论研究成果并且共同发现我们日常生活中真正想要的东西。

因此，我们会思考：教育中最重要的是什么？孩子们到底想要的是什么？然后我们就会知道，毫无疑问，孩子想要的是每天 24 小时的合作。实际上孩子从出生开始就只想要一件事：他们想让父母快乐和满意，仅此而已。为了使其成为可能，孩子甚至愿意以生命为代价。我和许多想过自杀的青少年有过交流，当他们告诉我他们每天的想法时，我会问他们："你和你的父母谈过这些吗？"他们会非常惊恐地回答："不，不，不，我不能告诉父母。因为我的母亲会因此难以入睡，我的父亲也会变得很沮丧，然后他们会非常生我的气……"。他们宁愿自杀——这就是他们愿意为父母做的！

带着共情陪伴孩子成长

0~4 岁的儿童根本就不需要任何教育，相反，他们需要有爱的、共情的陪伴。在这种情况下，这里的共情是指：可以想象和感受到别人的感受，可以看到别人行为背后的本质。在此，我想再一次探讨教育的目标，即我们真正想要弄清楚的问题：我们到底想要什么？我们对自己的孩子有一个确切的认知吗？这样我们就可以说："我孩子的言行举止必须与他的年龄匹配，这就是他14岁必须有的样子！"或者说，我还想要慢慢地去认识和了解我的孩子，看看他究竟是哪种类型的孩子？我现在正在面对一个什么样的小家伙？"

我曾经与一位很优秀的助产士交谈。那位助产士有一个很棒的做法。每当这位助产士去探视准妈妈之后，她都会再次开车回到准父母那里，并在门口以胎儿的口吻留下一封信："我还没有名字，我会在几个月之后到来，我将会在这个家里停留大概20年的时间，并且我不会说德语。"我认为，这对于准父母的育儿态度和准父母的期待来说是一个很棒的提醒和预告："嘿！这里即将有一个全新的人诞生。我们想要接受现实还是想要一个计划中的理想孩子？我们已经下定决心了吗？或许我们都有一个梦想："当我生下一个女儿的时候，她必须这样或者那样，或者说她不需要这样或者那样。"然而，那其实就是一个计划中的孩子。

很多父母表示："这样做很困难。实际上我知道自己对养育孩子的看法，我伴侣的意见也基本上和我的看法一致。但是我的邻居、父母等人的意见和我的看法并不一样。所以，现在我不知道应该怎么办。"但当我对他们说"我相信您可以按照自己的想法去养育孩子"时，得到的答案通常是："是的，但是学校说……，其他人说……。"为了应对这种情况，我创建了一种疗法，我告诉这些父母："回家给您的孩子写一封信，您可以将这封信交给律师并告诉他，当您的孩子25岁的时候才可以阅读这封信。在信里面您可以写：亲爱的孩子，今天是你3岁的生日，而我们已经有3年没有安全感了。今天我们做出了一个决定，我们将你的抚养责任全权交付给我的父母或者学校。非常抱歉，但是我们没有别的选择。爱你的父母。"这项活动会使大多数父母清醒过来，他们会说："这不是我真正想要的。我们当然想要自己去承担养育孩子的责任。"

这个决定很重要，因为孩子需要父母的陪伴。有时候父母想要的东西没有那么重要（比如要求孩子做这个或者做那个），他们知道自己想要养育一个什么样的孩子，才是更重要的。当然，对于孩子，父母要留有一只眼睛或者一只耳朵（对孩子有一定的关注，而不是过度关注），并且需要根据这个孩子的情况来调整自己的意愿。

认识自己的孩子

我曾经收到过一封非常精彩的信件，来自一位意外怀孕的母亲，后来她成了单亲妈妈。她是一个研究型的人才，有很多思考和想法，对教育市场上的很多东西进行了研究和调查，然后她发现了一种有效的教育方式，称之为"依恋父母"。这个概念是指父母要尽可能长时间地将他们的孩子抱在怀里或者把孩子放在背带中，以便与孩子时刻保持身体接触。这位母亲花了一整页的篇幅来描述她所发现的教育哲学，这是一件多么美好的事。然后她继续写道："但是现在出现了一个问题，我的女儿现在两岁了，自从她九个月大的时候，她就不希望与我有任何肢体接触。比如，当我把吊带套在她身上的时候，她会喊叫并且用手抓我，我需要花费数小时的时间才能安抚她的情绪。"那天我没有时间给她回复长信，所以很快地简短回复了:"您听起来就像我认识的许多父母,在他们接触和了解孩子之前就已经选择了一种育儿哲学,但这并不会起到什么作用。您首先应该去了解您的孩子,然后再选择自己的育儿哲学。"这位母亲收到回复之后立即给我回复到:"您是正确的,我立马就告诉了我的女儿并跟她道了歉:对不起,女儿,因为我之前真的以为那样做对你来讲是最好的——尽管你去年每一天都在告诉我,这种方式并不适合你,但是我一点都没有听进去。真的很抱歉,现在你自由了。"一年以来,她的女儿第一次自愿接受了身体接触,并说"谢谢,妈妈"。

很多时候,我们需要花费一段时间之后才能真正了解某个人或者某件事。我们知道有关孩子的普遍规律,但是我们并不了解眼前这个孩子的气质和逐渐养成的个性。此外,这里还谈到了我们自己的影响力,我们要么希望拥有这种影响孩子的权力,或者根本不想拥有这种影响力(当我们拥有这种影响力,孩子相应地就会丧失自主权)。因为这是一种表示尊重的形式:"好吧,这里每一个人都有一定程度的自主权,尽管这个人弱小又无助。"

尊重自主权与权威的矛盾

如果我们特别想拥有权威,"自主"一词对孩子的意义就没那么实际了。那么,我们到底是想给予孩子自主权还是想要和孩子抗争呢?我父母那个年代的家长们从专家那里确切地学习到:在孩子出生后的14天里,当孩子表示出一定的自主权时,就必须从第一天开始与之抗争。否则的话,孩子将会掌管权力。儿科医生、心理学家等专业人士都重复着这些相同的话语,而这种把孩子的个性视作危险的陈腐观念距今还不到60年。实际上,在权力等级制中的个性总是非常危险的。现在我们回到刷牙的问题上来。想象一下,你现在知道刷牙对大多数孩子来说都是不舒服的一件事。尽管你尽可能小心谨慎地帮孩子刷牙,但是孩子仍然会觉得不舒服。如果你不相信孩子的话,可以尝试请求你的丈夫或者你的妻子帮你刷牙,然后你就会清楚地知道那种不舒服的感受了。你应该可以感觉到,孩子是真的想让家长感到满意和快乐的。既然我们已经知道孩子是肯定想要合作的,那么我们需要做些什么呢?现在,有一个全新的词语在教育情境中以及在成年人的共同生活中发挥了作用,这个词语即"对话"。也就是说,当我们陷入这种情况的时候,可以对孩子说:"噢,现在我们遇到了一个问题,你今天不想刷牙,但是我认为刷牙对你来说或者对你的牙齿来说非常重要。现在我真的不知道我们应该怎么办了,你是怎么想的呢?你可以稍微忍耐一下吗?还是说你今天完全就不想刷牙了?"想象一下,孩子这个时候可能会说:"我今天完全不想刷牙。"然后我们回答:"好吧。"接着就停止对话。这对我们家长来讲很困难,因为几十年来,按照成年人的教育方式,对于上述情况来说只有这样类似的回答,"好的,但是仅此一次"或者"你知道牙医多贵吗?听我的,你不能不刷牙"。

有一句古老的谚语:"给您的孩子一个小拇指,他就会握住您整个手(蹬鼻子上脸,形容孩子比较贪心)",但是,这也意味着家长对孩子的不信任。作为父母应该意识到的一点是:我们是否足够信任自己的孩子,这非常重要。因为如果家长把对孩子的教育建立在不信任的基础上,那么家长就必须行使非常多的权力,甚至还会滥用权力,这种方式肯定行不通。

耶斯佩尔·尤尔谈个人责任

拉尔夫（22 岁）：

对我来说，我从小时候起就必须承担本该属于我父母的责任。我现在可以通过独立工作对自己负责，并且已经对自身的情况理解了很多。我意识到，我所承受的一切并不全是我的责任，我特别希望我的父母从现在开始可以承担起他们作为父母的责任。但是我也问自己，要是他们还没有准备好，我该如何是好。

耶斯佩尔·尤尔：

我认为，如果他们还没准备好，在你搬离这个家庭之前，你必须学会等待。因为和这种类型的父母一起生活，孩子就需要承担这种超负荷的责任，就像你刚才描述的那样。不幸的是，这世界上有许多青少年甚至是小孩子都以这样的方式生活着。现在只有一种平衡的方法，人必须学会对自己负责，也就是说：你现在必须要学会说"不"，现在必须学会拒绝自己的父母，必须对他们说："我不想再继续下去了，我已经承担了很多了，从现在开始我不想再继续承担下去了。"然后情况就会开始有变化。

我并不认为劝说父母是一种解决问题的方式，因为我不相信那些与孩子建立这种关系的父母是由于他们懒惰、不愿承担责任以及他们认为 "我的孩子已经如此坚强了，他可以做到"等因素变成这样的。他们之所以会这样做，是因为他们也有某种无助。而不幸又幸运的是，孩子们如此合作，当家里出现一个空白地带或者当那里本该有人承担责任，但是什么都没有的时候，孩子就会进入那里，主动承担这项任务并尝试塑造关系，这就像是一个监狱。你自己应该是最了解的。你可以待在里面，也可以看向外面，但就是没法出来。现在你还住在家里吗？

拉尔夫：
我只住到 2 月就要离开了。

耶斯佩尔·尤尔：
恭喜你！那么你能简要地说一下，为什么你必须要承担这么多的责任吗？

拉尔夫：
我想说的是，我的父母自己负担过重，特别是在他们闹离婚和离婚以后。此外还有工作和其他的事情……

耶斯佩尔·尤尔：

好的。那么你需要明确地告诉你的父母"我之前所经历的一切对我来说别无选择。现在一切都结束了，从此以后我不会再继续下去了"，这非常重要。

拉尔夫：

目前我就处于这个阶段，但是非常不容易。我只想知道，要是我的父母还没有准备好和我合作会是什么样子。

耶斯佩尔·尤尔：

当然这是有风险的，也有可能会发生这种情况：或许他们两个人中的一个人甚至两个人都会说："你不再爱我了！"接下来的一段时间会很难熬，因为这就是一种情感勒索。你身边一定要有一个可以陪伴你的人，你的恋爱对象或者你的伯父，他们总是会告诉你："你不要忘记自己，你必须确保自己一切都好。"这样，你才能真正地获得你的父母无法提供给你的支持。这非常的重要，否则你可能会一辈子都要承担这些超负荷的风险，同时你还会一直带着负罪感生活，那样是非常可怕的，因为你本来一点错都没有，是你的父母没有承担起他们自己的责任。

我知道这是一件非常困难的事情,因为父母不负责的后果总是由孩子来承担。因此,重要的是,父母不仅要照顾自己的孩子,承担做家长的责任,还要照顾好他们自己。我写了一本小书,大致内容是,带着善意说"不"的艺术。它的德语书名是:《为爱说"不"》(Nein aus Liebe),听起来像是甜点的名字,但是这个话题其实并没有甜蜜的东西。特别是在家庭内部,表示拒绝其实是非常严肃的事情,在某些时候我们必须像小孩子一样对我们的父母说"不"——你必须告诉自己,这非常重要。同时你需要获得尽可能多的支持,因为家长的情感勒索对孩子来说具有强大的杀伤力。就算你搬去很远的地方,这种力量仍旧会起作用,它甚至可以被远程操控。

耶斯佩尔·尤尔谈责任感

母亲:

我发现,在发生亲子冲突之后,孩子很快就会因为父母的行为而责备自己。家长或许也不想这样做,但是冲突还是发生了。您觉得如果想要避免冲突的发生,应该怎么做呢?

耶斯佩尔·尤尔:

我认为,作为父母可以做得最好的事情其实很简单:当你不断地反思和思考的时候,必须要学会对自己的错误负责。这个过程通常比较漫长,值得庆幸的是我们确实会时不时地发现自己犯过的一些错误。这是唯一可以帮我们消除这种愧疚感的方法。父母通常会说:"就是这样的,我们已经尽力了。"——几个世纪以来这种想法一直占据着我们的脑海:如果我们和孩子的关系发展得很顺利,就可以说都是我们的功劳。如果我们和孩子的关系发展得并不好,那肯定就是孩子的错,这种想法扎根在我们的脑海深处。但是,这件事并不能如此简单地归因。这就像和孩子相处:要是出现不顺利、不和谐以及有冲突之类的事情发生,孩子就会认为自己应该对此负责。生而为人,我们并不完美,我们也会犯错,我们只是尽自己最大的努力去过好生活。

实际上我认为，唯一令人宽慰的就是人生命的长度要远长于人的童年时光。因为人和人互相关爱和一起生活并不是一件容易的事情。对我来说不容易，对你来说也很困难。有时候我们会痛苦，有时候我们也会发现缺失一些东西，等等。对我们的孩子来说其实也是一样的。我们只能希望，在我们的孩子12岁、13岁的时候可以获得很多东西，这样他们可以自己学会承担责任并继续前行。我们可以不帮助孩子，可以不完美，不必让我们的孩子感到开心，因为这都是他们自己的事情㊀。

㊀ 家长不必追求完美，为孩子事事考虑周全，孩子要学会为自己负责。——译者注

Respekt, Vertrauen und Liebe
Was Kinder von uns brauchen

可以这样，不可以那样

青少年尤其需要我们的信任

重要的是内心

请父母管好自己的嘴

谁对我的信任负责

耶斯佩尔·尤尔谈信任

耶斯佩尔·尤尔谈做决定的理由

02

信任需要对话

孩子的需要

"我可以相信我的孩子吗?"我的回答是:"是的,您当然可以。"家长对于信任有着丰富的经验——确切地说是对"信任"这个概念。"我可以信任你吗?不,我无法相信你。"通常从孩子3岁起,父母就开始和孩子玩这种小游戏,父母通过使用这种小技巧来维护自己的权力。当孩子询问父母:"我可以养猫吗?"父母会回答:"不可以,养猫对你来讲不合适,因为你年龄太小了。养猫需要你承担很多责任,你必须每天喂养它们,而且还会有很多事情要处理。"在三个月后父母可能会说"好吧。但是未来你必须对猫负责!为此,你需要每周清理垃圾箱3次。"孩子会非常认真地回答:"好的!"但是,孩子当然做不到,因为这个年龄段的孩子认为未来大概就是6

小时以后，然而养猫需要人长年累月的坚持，直到这只可怜的小动物去世。不过，这正是父母想要的！因为当孩子之后再想拥有一只狗或者一匹小马的时候，父母就可以说："不行，不好意思，你已经向我们证明了这件事不可能，因为你并不是一个负责任的人。"

这些孩子在成为青少年后还会遇到这样的情况——"今天晚上什么时候回家？""11点左右。""11点太晚了，不行。9点或者9:30可以，11点没门！""但是……""别找借口了，要么9点回家，要么别出去！"然后孩子会一边答应下来，一边计划着9点再出门，11点回家。这时候父母当然会说："你就是一个不值得信任的人，今天我们算是见证了这一点。"家长对"信任"这个概念的运用是非常特别的，它实际上意味着："我无法相信你是我认为的那个样子。"对此，我可以对所有的父母说："要是这样来说，您无法信任任何一个孩子！这样是行不通的。"

其实，世上还存在着另一种形式的信任——无条件的信任，信任孩子会成为更好的他自己。如果父母愿意，可以告诉孩子：

"好的，我相信你。我们——你的父母，你的祖父母，你的兄弟姐妹和你的老师已经努力工作了 30 年，给你提供了我们所能提供的一切——现在我们信任你。我们相信你将会走进世界并且会充分利用我们提供的支持做到最好。"这就是信任。父母不可以说："现在你可以进入这个世界，同时成为我们的一个副本。"不幸的是，有时候这种情况确实会发生，并且会付出代价。

可以这样，不可以那样

我和孩子进行对话时，有时候会对孩子说："这样不可以。"正在养育年幼孩子的父母经常会说："孩子总是要求非常多的关注。我的上帝，真的太多了！"我最爱的一个回答是："是啊，孩子总是要求无限的关注，幸运的是，他们实际的真正需要并不像他们要求的那么多，他们真正需要的关注比他们要求的少得多。"对于多数父母来说，这都是一个很大的惊喜："真的吗？我不需要一直陪在他身边？""是的，您不需要一直陪伴在孩子身边。您只需要跟孩子讲清楚就行了。"

我相信，大多数父母都知道，当自己告诉孩子应该做什么的时候，两三岁左右的孩子通常会表示拒绝。这个拒绝意味着："我想再次告诉你，我是一个自主的人，我就是我。"我认识的一个意大利孩子曾经对他的母亲说过更尖锐的话："妈妈，我想告诉你，从今天开始我就是我自己生活中的国王。""好吧，这是什么意思？"他母亲问到，然后小孩对能够给自己提供私人空间的母亲这样说："我只做我想做的，当我有什么不清楚的地方，不知道什么是正确选择的时候，我会来问你。"

也就是说，其实每个成年人都可以自己决定"可以这样，不可以那样"。但要求孩子"可以这样，不可以那样"的权力观念对于99%的父母来说都不适用。我们可以将其称为"定规矩"。当13岁的孩子并没有在晚上9点钟，而是在晚上11点钟的时候回家，父母就会说："现在我们必须定规矩！接下来的一个月你都不准再出去了，并且以后你回家的时间不是9点，而是8:30！"这种做法可能只对1%的家长来说有用，而对剩下的家长来说起不到任何作用——他们只会认为，他们应该这样做，所以他们就这样做了。

青少年尤其需要我们的信任

许多父母对于他们十几岁的孩子在学校里的表现都有疑问。对我而言，这里有一个很重要的概念：信任。我的意思是，把自己的孩子当作一个独立的人给予最基本的信任。也就是说，相信孩子可以尽其所能把自己的生活过好。现在，有些父母告诉我，他们不知道自己是否拥有这种信任孩子的能力，或者说他们感到表达这种信任很困难，因为他们的孩子总是做出越界的事情甚至辍学。但是，作为家长，父母需要主动做出一些反思，可以思考并问自己："我对孩子真实的态度和看法是什么？我对孩子存在信任吗？信任消失了吗？还是说我认为孩子必须要做到我想要他做的事情之后才可以取得我的信任？"

这些问题是重要的哲学练习，因为一个 15 岁的女儿其实完全清楚："只有当我按照母亲要求的那样去做时，我的母亲才会感到满意。"作为女儿，你也必须问自己："在接下来的 3 年时间里，我是否想用我所有的精力和能量去取悦我的母亲？还是说我想找到我自己的路？"当一些孩子下定决心说："我要找到我自己的路。"父母双方可能都会坐在那里害怕地颤抖，而这已经是他们克制自己行为的结果了。

我在其他地方已经说过了,但是我想在这里再重复一遍:如果孩子的状况不错,那么他们实际上就不需要家长了。当孩子做事情出问题的时候,他们才需要家长。而且,对青少年来说,在两三年的时间里有一些问题其实并不算什么,即便存在很多问题,他们也需要这种基本的信任——他们需要知道:"我的父母不管怎样一定会陪着我或者在身后支持我。我可以撤退,可以相信我的爸爸妈妈。"但事实上如果母亲和老师站在一条战线的时候,青少年就会像小孩子一样问自己:"我该怎么办?我有很多老师,但是我只有一个妈妈,而现在我的妈妈却和老师站在一边。"这就是一个15岁青少年所体会到的感受。

对于年轻人来说,很重要的一点是,他们需要知道,在他们父母那里是否存在着这种信任。青少年可以非常清楚地感受到父母是否信任他们,这种信任隐藏在父母的只言片语之间,而不是直接来自于父母说的话:"我现在完全信任你。"年轻人可以从父母的眼睛里看到、从声音里听到他们是否真正信任自己。

人们必须承认,有些青少年的言行举止看起来非常平和,并不与他们的父母"开战",那是因为他们把自己隐藏起来了,不想让自己处于家庭战争当中。对我来说,让父母弄明白这是怎么回事是一件非常困难的事。我对他们说:"事情是这样的,你们三个一起生活了 14~15 年的时间,不管是父母还是女儿,你们三个都尽了自己最大的努力,现在你们三个都坐在这里,而且注意到当前孩子在学校里表现得不是很好。现在你们对孩子说:'你必须出类拔萃!'当孩子只有 13、14、15 岁的时候,应该怎么回答呢?孩子可能并不会表达,也不会对父母说:'听着,让我们从另一个角度重新来看待这个问题。我现在坐在这里,我有这种个性,我有那种气质,我多么成熟和不成熟——对于这个样子的我,亲爱的爸爸妈妈,我们每个人都有责任。但是现在所有的一切突然全都变成了我一个人的过错,你们两个像圣徒一样坐在那里,你们清楚地知道'必须做什么'和'可以做什么',并说这一切都很容易,只需要我振作起来,按照大人说的那样做就行了。'"

和一个保持沉默的 15 岁的孩子交流是不会成功的。当一个孩子并不期望被人倾听的时候,就会开始沉默。父母自然而然地就会来找我问:"我们应该拿自己的女儿怎么办?她一句话也不说！"之后也总是会出现："我们应该怎么去处理这件事？怎么去对待她？"答案是："什么也不用做，因为现在已经为时已晚。"

我曾经在为一个家庭做咨询的时候，父亲说："我们已经尝试了所有的方式，但是没有一个有效果。现在我们来到这里是想知道，我们还能做什么？"事情是这样的，尽管那个父亲试图对他自己的教育信念负责，但是效果并不理想。他已经决定每天早上不再帮助女儿起床，以便让女儿自己学会独自起床。但是他仍然每天早上至少两次站在女儿的房间里对女儿说："现在你必须起床了！"这就意味着，尽管他自己每天早上都做出这种不负责任的行为，他仍然期待着他的女儿每天早上可以采取负责任的行动。而家里的母亲更是往前走了一步，她说："我已经向我的女儿承诺过我不会干涉她，但是如果老师找到我，我就不得不跟老师说些什么了。"所以，母亲也很不负责任。在这个家里，所有的家庭成员都有很多不负责的态度。

如果我们从社会或者道德的角度来看待整个事情，那么父母当然是正确的：让孩子去上学、接受教育是明智的。但是对女儿来说，却出现了一个问题："对我来说这是正常的吗？我今年15岁了,我不知道自己应该去学校做什么。"在这个家庭中,上学的问题并不是在老师第一次打电话给母亲的那一刻出现的:"我告诉您,现在情况很糟。"或者"现在情况越来越糟糕了。"这个问题始于两年或者三年前,但是当时并没有人注意到。

重要的是内心

实际上,大多数情况都是很复杂的。我建议父母对自己说:"我现在看着我的女儿或者儿子,我扪心自问——我信任这个人吗?我能感觉到和这个人有所联结吗?我已经力所能及地把最好的一切都给了这个孩子吗?如果是那样,那么我就应该相信他,同时也相信我自己。"下一个问题是:"我能够做更多吗?"当然,父母可以走向孩子并对他说:"听着,不管怎样,现在的境遇并不适合你,我们可以为你做些什么呢?"但是,大多数家长都不会这样说,他们会走向孩子并说:"你不可以这样!你必须做这个或者做那个!"这样对孩子说话当然不行!当我们对伴侣用这种方式说话的时候,每个人都知道:"哦,这样不行,这样行不通!"那为什么期望一个15岁的孩子能理解你呢？

面对孩子的时候，我们必须让自己成为有一定权威的人，不是以一种"现在你是我们家里小皇后，你可以做一切决定"的服务式态度，而是非常认真地对孩子说："事情不对劲了，老师不满意，我们不满意，你看起来也并不是特别快乐，而且你现在说的话越来越少了，我们能够做些什么？"然后每一个15岁的孩子都会说："我不知道。"作为父母，我们必须回应："好的，但是我很想知道发生了什么。如果你知道了，请告诉我。"过一两周或者一个月之后，家长再次回到这个问题，以便让孩子们知道："这对我的父母很重要。我真的可以从他们那里得到支持，而不仅是从他们那里得到那些每个人都心知肚明的大道理。"

请父母管好自己的嘴

作为父母，在某个时刻必须要说："好吧，尽管和我们期待的有一些不一样，但这就是你的方式。"要是我们不确定这个时刻什么时候会来临，那么，我们只需要注意孩子发出的信号就行了。通常来说,青少年会很清楚地表达:"现在轮到我做决定了,这是我自己的生活。你们可以走开了。"我曾经和一位年轻的土耳其女孩(她只有19岁)以及几位记者讨论过一个问题:"长大意味着什么?"她说:"我清楚地知道自己是什么时候长大的,当我15岁7个月的时候,我的父母做的事远远超过了我能承受的极限,以至于我三天都没有说过话。我绕开桌子去取黄油,没有询问任何人。然后我的父母就明白了:"现在一切都结束了。我们必须找出另一种相处风格,另一种说话语气,否则我们将失去与女儿的联结。"事实上,所有的孩子都会以某种方式告诉父母自己需要独立了。

作为父母,我们当然需要关心和照顾孩子,去做自己所有能做的事情,比如让孩子去上学。但是我们必须知道的是,青少年自己才是那个掌舵的人。换言之,我们可以为其提供资源,可以发出邀请或者说:"我特别希望你可以说些什么,我特别想帮助你。这是你想要的吗?"但是我们不应该不断地发号施令,因为当达到某个特定的超越孩子承受极限的时刻,青少年就会说:"够了!"

我儿子当年说话的时候非常有礼貌——其实大多数孩子在

最开始的时候都会非常有礼貌地说话,但是当没有人听他们讲话的时候,他们就会自然而然地提高音量。记得我儿子 13 岁时,一天他参加了一次随堂考试,快到睡觉的时候,他还想看一部电影。我妻子和我就像在合唱团里唱歌一样异口同声、声音洪亮地说:"难道你不觉得,今天你早一点儿上床睡觉会更好吗?"其实,我儿子从 5 岁起就有自主睡觉的时间,睡觉对他来讲不是问题。他充满爱意地看着我们,眼睛里还带着一丝幽默地说:"我觉得,现在是时候让你们两个闭嘴了。"我想说的是,当时我非常感谢我参加的家庭疗法培训,否则那时有很大可能会出现问题。从那以后,我和我的妻子就一直管住了我们的嘴。

谁对我的信任负责

还有一件非常重要的事,作为父亲或者母亲,当发现自己对孩子缺乏信任的时候,必须首先意识到,我们对孩子的信任或者不信任一直都与自己同在——它是我们自己的想法。因此,我们必须对此做些什么。不能告诉自己的女儿:"你必须带着我的信任去做些什么事。"这是我们自己的事。我个人认为——

我不代表所有家长的看法——当父母意识到并愿意承认:"我的上帝,我对我的女儿失去了信任。"之后他们可能会悲伤,会认为那是一种损失。如果真的失去了对孩子的信任,父母可能会认为那将是一个小型灾难。

但是之后父母可以去对女儿说:"现在,我发现自己丢失了对你的信任。对我来说这是一件很可怕的事情。非常抱歉,我知道你现在比以往任何时候都更加需要我的信任,但是我失去了它,现在你必须帮助我找回来。我需要对你有更多的了解,不管以哪种方式来认识你,但我现在却一无所知。我的头脑里只剩下了自己的想象。"顺便说一句:我们对青少年的想象总是停留在他们三四岁的时候,或者这些想象来自于未来。

因此,父母应该去做的就是和女儿进行冷静平和的对话:"这件事发生在我的身上,我应该对此负责。"这就如同对伴侣的爱一样。当我说:"我丢失了对妻子的爱,"然后对我的妻子说:"对此你必须做些什么,你需要改变你的行为或者做事方式,然后我就会重新爱上你。"这当然是不行的!我相信这是大家都清楚的事情,这也是一件非常严肃和重要的事情。我们经常可以看到,<u>对某些事,孩子内心觉得一点儿都不好</u>

笑，甚至有些孩子的表现像心如死灰一样，这在一定程度上也是可以理解的——因为信任已死。

因此，信任是一件很重要的事，这对小孩子来讲也同样适用。那些诸如厌学、网瘾、酗酒等问题并不是真正核心的问题，它们并没有那么本质。那些在内心里发生或者未发生的事才重要，因为它们决定了孩子在生活中会接触多少酒精或者其他危险物品。

耶斯佩尔·尤尔谈信任

母亲：

有什么方法可以帮助我们家长对青春期的孩子放手，并且发展出您所描述的那种信任呢？

耶斯佩尔·尤尔：

实际上我并不认为家长能够做到放手，孩子必须要自己学会放手。如果他们这样做了，作为家长的你们当然可能或多或少地进行一定的阻挠。最近我第一次阅读了一项研究报告，在研究报告中,青少年的家长们对"放手"有很多正面的反馈,例如:"这对我们来说实在是太好了!因为在十四五年之后我们突然又有了留给伴侣和我们自己的时间。"但是如果您和很多家长一样有这种任务感或者想法:"我必须在那里,因为我孩子的生命里不能没有我。"……我不知道,如果您有这种想法可以去南非生活四个月㊀,因为这种想法并不现实。

<u>放手对于一个青少年的重要性和看紧一个三个月大的婴儿一样。</u>为此,您必须关注青少年并注意他们发出的信号。我认为大多数家长其实都不愿意放手,这需要时间,也是正常的。父母可能不会给予孩子自由,他们也无法催促孩子成长——这是现实,青少年必须学会自己照顾自己。

母亲:

或许我的任务应该是承担放开孩子的恐惧,而不是把这种恐惧强加给我的儿子?

㊀ 当你远离你的孩子时,你会发现孩子并没有想象中那么需要你。——译者注

耶斯佩尔·尤尔：

是的，非常棒。正如您所说的那样——人们认识到：<u>这是我的感受，我的恐惧，我应该对它们负责，就像对我的信任负责一样。我不能要求我的孩子为了迎合我去过一种让我永远保持镇定的生活，那样是行不通的。</u>

耶斯佩尔·尤尔谈做决定的理由

汤姆（17岁）：

怎么样才能使家长明智地解释他们自己的决定呢？比如说，当我想要某样东西的时候，我的母亲或者父亲说："不行，我不喜欢这个。"而当我询问原因的时候，我只会听到："因为我就不喜欢那样，就是如此。"这对我来讲当然不是一个说得通的理由，我对此无能为力。

耶斯佩尔·尤尔：

我不认为父母必须要有逻辑和明智的解释。我认为，有时候仅仅只说"好""不行"或者"我就是不想要这样"是完全可以的。对于一个几乎成年的孩子的挑战在于让他说出:"好的,但是对我来说这样才是重要的,我或许会这样或者那样做,或者我将尝试寻找另一种方式。但是能不能请您解释一下您拒绝我的原因呢?"接下来事情发展就取决于家长的态度了。如果家长总是如此行事,那么藏在这背后的就是他们的态度:"好吧,在这件事上我是有权力的,我可以根据我的需求使用它,同时我不一定非要解释。"很多时候,父母做出这个决定并没有恰当的理由,或者父母知道:"我的想法或者我的理由有一些站不住脚,也就是说,当我真正和我的儿子开始一场辩论的时候,我会输掉,我不想那样。"

如果父母和孩子之间是处于这种情况,那么青少年必须自己承担他们所想所做可能出现的后果,明确了这一点之后,他们可以自己决定做这个和做那个,买这个和买那个,因为和父母讨论是不可能的事情。但是也会有父母向我求助:"我应该拿我的儿子怎么办?他现在九岁了,可以一直和我争论。如果他愿意,甚至可以和我辩论一整晚,我已经无法再忍受了,什么时候才到头呢?"我不得不回答:"当人们讨论某个东西超过两个小时,那么他们一定会在之后的某个时候重复这个讨论,但这并不会产生什么效果。"

我们那个年代的人就说过:应该给孩子一个解释。因为我们对命令和禁令感到厌倦。但与此同时,事情的走向出现了一些偏差,很多父母不愿意解释,这更导致许多孩子沉迷于解释。我认为,这是一个很困难的话题。我遇到过许多青少年,他们比我十七八岁的时候能干得多。或许他们可以去找自己的父亲并对他说:"听着,爸爸,事情不是这样的。不管你是不是这样想的,现在无论如何我们都需要谈谈了。"

Respekt, Vertrauen und Liebe
Was Kinder von uns brauchen

在没有"教育学"的家庭,孩子会生活得更好

充满爱的行为

孩子从家里学会什么是爱

我的行为我负责

从打孔的权利到自己的生活

耶斯佩尔·尤尔谈批评父母的决定

耶斯佩尔·尤尔谈青少年的激进语气

耶斯佩尔·尤尔谈与孩子交流

03

爱与心灵的语言

孩子的需要

爱有两种不同的表达形式，就如同有两种不同类型的温暖。有一种温暖是可融化一切的温暖，这种方式在当下很流行，它是建立在融合和自我牺牲意义上的、新浪漫主义形式的爱的观念，人们通常会在热恋期经历这种爱。但众所周知，在热恋之后我们会发现那并不是良好的建立平等关系的先决条件。另一种温暖是由摩擦产生的温暖，这种温暖和第一种一样热烈。当我们时不时地对着孩子大喊"不要怕"，那么孩子会持续多长时间或多少次对其他孩子或者自己的父母大吼呢？每天大约1000次。孩子们知道：这就是人的样子。父母爱孩子，同时也希望孩子能爱他们，但并不是通过这样的方式。

孩子也能感觉到这是不对的，然后就变成了双方的游戏，之后就有了这些我们称之为"挑战底线型"的孩子。对此我想很清楚地表示：并不是孩子在挑战底线！当一个孩子"挑战底线"的时候，我们可以将其解读为：孩子正在寻找父母。他很想知道"站在父母角色背后的那个人是谁，这个人有什么能耐？他们总是这么明智和理性吗？他们总是知道什么是正确的吗？他们对彼此总是那么友好吗？不，他们彼此不这样，但是对我是这样的"。几年前，在挪威，我对一群4岁孩子提出了一系列问题，其中一个问题是："你怎么知道人们是否结婚了？"40个孩子里面有3个孩子回答："当他们彼此之间不友好的时候，我们就知道他们结婚了。"还有另一个孩子回答："他们在聚会上不和彼此交流的时候。"

我们需要回到亲子沟通中的语言表达这个主题，必须问自己："我怎么才能表达内心的想法？"通过对大脑的研究我们知道，心与脑是交互作用的，将这两个部分连接起来是完全可能的事情！我们不仅需要投入整个心灵，而且还需要利用自己的智慧去做当前正确的事情，这时候就会出现一些改善沟通的机会。

在没有"教育学"的家庭,孩子会生活得更好

学校教育和家庭教育之间本应该存在巨大的差异。不幸的是,近年来二者的教育变得越来越相似,这对可怜的孩子们来说非常可怕。孩子每天最多可以接受六七个小时采用了教学法的教育,更多的教育对他们来说并没有作用。当家长尝试像学校的教师一样在家里对孩子进行教育的时候,事情的走向就会出现问题。现在许多家长都以教师为榜样,这也就意味着:在家里的"教育学"真正开始了(把家变成了另一所学校)。

这不是说教师会伤害孩子,而是说这种教育方式有两种特点可能会让孩子因此而受限。第一种特点是,它总会有一个目标,教师总是想从孩子那里获得些东西。"太好了,他们想要刺激我,他们想要启发我,他们想要一切"。但是这些目标背后的信息却是:"我们对你目前的状态还不满意,因此你必须持续进步,直到我们满意的那一天。"有时候这种信息或许在学校是一种激励,但是在家庭里就会变成一种伤害。

第二种特点是,与父母相比,教师相对更加冷静。这不是说他们很冷漠或者不喜欢孩子,等等,这仅仅是因为他们的冷静比爱更多。而爱是孩子永远觉得无法被完全满足的东西。

充满爱的行为

我已经重复说过很多遍，并且写过很多书来表达我的观点：父母必须将自己充满爱的感情转换为充满爱的行为，必须学会如何在与孩子相处中做到这一点。对我来说这其实很简单：只需要观察孩子的反馈并认真对待这些反馈，需要做到尊重孩子。比如说，如果您一直对女儿唠叨，而女儿却越来越退缩，然后去问女儿："听着，其实我现在是为你好，但是你却一直退缩，我到底做错了什么？"确切地说，这个问题非常重要。因为对于儿童和青少年来说，他们大多数都很难去批评自己的父母。当青少年感到沮丧的时候，可以很轻易地显露出来，但是要他们认真地对家长说："爸爸，现在是时候来讨论一下您的角色了……"，显而易见，对他们来说，这并不是一件容易的事。

这种自我决定的现象在我们的家庭生活中是全新的。当我还是青少年的时候这并不是一个问题。如果孩子的反馈是负面的，父母会竭尽所能去做他们能做的事情，然后他们会说："我这样做是因为我爱你，等你长大了就会理解我们的良苦用心了。"这就是父母的解释。然而情况不同了，现在的女性会说："现在我们不想再像过去三百年那样生活了，我们希望被当作真正的人来对待。我们想要这样或者那样做。"女士开始谈论和男士一起生活的本质,这种改变也使得孩子们变得更加地想要自我决定。

今日的夫妻关系和我父母那一代人的爱情相比已经大不相同了——至少我希望如此。现在的感情取决于你的行为。也就是说,我可以爱我的妻子——我现在就很爱我的妻子,但这并不意味着能给我的妻子带来任何快乐,这只会让我自己感到快乐,我必须把这种爱的感情转化为爱的行动。

现在我们来谈谈伟大的生活艺术:我如何爱我的妻子、儿子或者女儿才能让他们感受到我的爱,并且我不会失去自我?我既不是管家也不是服务员,我不能做完所有的事情。我们正处于独立自主与相互合作之间的经典冲突之中。我如何才能在保持独立自主的同时爱我的伴侣和我的孩子?这是件困难的事。

孩子从家里学会什么是爱

孩子在家庭里向父母学习什么是爱以及如何爱别人,正因为这个原因,孩子会在成年的时候重复父母的行为——希望只有部分重复！因为小时候的我们相信，父母爱我们的方式就是真爱——即使有时候我们并没有感觉到被爱。

比如说那些"直升机式"的父母，或者随便你想怎么称呼他们都行，他们把所有的时间都用来服务他们的孩子，可以说是随叫随到。这些父母毫无界限，在忽略自己需求的同时也逐渐走向了两败俱伤——父母所有的一切都是源自于爱。他们的孩子相信这一点，然而与此同时他们的内心想法却是："我的父母爱我，但是为什么我却感到如此寒冷？"是啊，为什么这些孩子不能满足于父母给予的"爱"呢？这是因为，给健康的孩子提供任何他自己能力范围内的服务，这个行为并不是爱，这仅仅是刺激了他们对更多服务的需求。如果父母把自己当作服务人员并不断地超越自己的极限，那么对于孩子来说，这样的父母就不是好的榜样。

孩子知道他们想要什么，但是他们不知道自己需要什么，他们所需要的东西是由我们成年人来决定的。如果我们不仅仅提供他需要的东西，那么孩子就会想要更多的东西，然后周围的人就会说："这些孩子被宠坏了！"然而这些可怜的孩子并没有那么聪明，他们对自己说："好吧，我的母亲一直满足我的需求,这看起来充满了爱,那么这一定就是真正的爱了,但是我却越来越感到沮丧,所以我的答案是:我应该需要更多的东西来缓解我的沮丧。"

我们的孩子向我们学习到了这些爱的表达方式,当他们进入青春期时,会发现整个世界突然变得不一样了。孩子十几岁的时候或许会说:"好吧,我相信我的父母。我相信他们以自己的方式爱我,这没关系。但是他们并没有给我真正需要的东西。因此,我必须自己去实现它。"这种说法当然会让父母感到伤心,但这是一定会发生的。在孩提时代,就应该像我之前说过的那个年轻的土耳其女孩一样去行动。

我的行为我负责

当父母做决定的时候,即使他们没能按照自己的决定行事,也要为自己的决定负责。比如那个未能让女儿学会独自起床的父亲。这位父亲以一种颇有魅力的方式讲述了这个故事。但是当他的女儿说:"好的,我已经决定要去学校,但是今天就是不想去。"的时候,这位父亲突然之间就对女儿失去了信任!

我先在这里说清楚：事情并不存在绝对的对和错，比如早上起床这个话题。我相信，要是孩子从 7 岁开始就可以独自早起的话，所有人都会感到很愉快，但是他们要从 5 岁开始就接受练习或建立这一习惯，同时作为父母的我们可能也需要练习好几年。这其实都深受文化传统的影响，我们需要承担把孩子叫醒的责任。什么时候应该停止这种行为呢？我们可以完全不管吗？现在仍然可以看到很多二十多岁的孩子每天早上被自己的妈妈或者老婆唤醒："喂，喂，快起床了！"

实际上，当母亲或者父亲注意到自己出现"现在我很沮丧"的感觉时就应该停止了。也就是说，当这件事不再欢乐的时候就该停止了。刚开始时，也就是前几年，我们去孩子的房间，看到他们熟睡的呼吸，会感到很欣慰，这其实就是爱。但是，当我们开始感到沮丧并对孩子说："我到底应该提醒你几次，这已经是第五次了，现在七点二十分了……"紧接着就是抱怨，抱怨，抱怨。因此，当你变得暴躁的时候就应该停止了。父母总是谈论自己应该成为孩子积极正面的榜样。那是一个美好的梦想——这也是不可能的。我们能够为孩子树立的不仅仅是积极的榜样——我们正是（所有可能的，包括消极的）榜样和标杆本身，从我们所做到的和没能做到的一切中展现。

因此，如果母亲或者父亲月复一月，日复一日，甚至每天早上都说："我讨厌这个，我不想再这样了。"然而之后他们仍然这样做，孩子就有这样一个"榜样"——"是的，在这个世界上，我们不需要对自己负责（特别是不用对自己爱的人负责）。"这是一个很有趣的现象——想象一下，某个女孩未来会有一个男朋友，男朋友对她说："我认为我们其实应该一起睡觉，你觉得呢？"这个女孩说："不，我不想这样。""那你就是不爱我了！""不，我当然爱你，但是……"。我们都知道这件事情后面会如何发展。这个年轻女孩的榜样是谁？一个"榜样"说："当你爱一个人的时候，你不必对自己负责。你可以总是拿另一个人当借口说——如果我不这样做的话他会很难过，他就不会再喜欢我了，他就不会想和我在一起了。"因此，对父母来说，给孩子树立一个对自己负责的榜样非常重要。

从打孔的权利到自己的生活

几年前，我在国外结识了丹麦的一家人，当时他们家里有一个9岁的儿子,他似乎有一点多动症的倾向,但不确定。不管怎样,这个儿子看起来比较麻烦,而且经常会制造出很多噪声。这个家里还有一个4岁的女儿,她就像一位真正的公主,漂亮、友好、甜美。她会积极参加学校里所有的活动,一切都很和谐。10年之后,他们的母亲给我打电话:"问题不在我儿子,而是我的女儿。她现在15岁半了,问题出现在她12岁的时候,她当时告诉我她想要在身上打孔,我们拒绝了她。"我需要补充的是,这个家庭里的父母双方都非常敬业,非常负责,有智慧并且丝毫不专制,但是他们有自己的意见和态度,并坚持自己的立场:"你才12岁,不可以在身上打孔。"这个话题第一次出现在家里之后,大家花费了几个月的时间才达成了妥协。之后父母对女儿说:"如果你15岁的时候还是很想打孔的话,那就去打吧,但是只可以在一个不起眼的地方打一个小小的孔。"

当女儿15岁的时候,由于她父母都去了非洲工作,这个女儿就只能待在寄宿学校。上寄宿学校这件事在丹麦很普遍——丹麦的青少年需要从父母那里获得一段时间的自由,于是就会选择1~2年的时间去上寄宿学校,这是挺棒的一件事。但是,当她的父母从非洲回到丹麦的时候,发现女儿根本不在寄宿学校,她一直都待在家里,祸不单行,她还在自己的脸上打了一个巨大的孔,一颗钉子横穿在她的脸上。这位母亲当时给我打电话说:"这是一周前的事了,这期间我已经尝试了所有的办法,我甚至用上了我所能威胁她的一切,所有的承诺或者奖励我都试过了——但是完全不起作用。"我问她:"那你的女儿说什么了?"她回答我说:"女儿有力地站起来,看着我的眼睛说'你们可以说,你们喜欢的就可以留下!'⊖ 那么请问,我现在应该怎么办才好呢?"我给这位母亲回复道:"现在你可以去洗手间,看着镜子里的自己说'都过去了'。更重要的是,你尽快去买一瓶香槟,今晚和丈夫一起喝酒庆祝你们这 15 年来把女儿养育得多么棒——这个女孩是如此坚强、独立并且善于表达自己!"

对我来说这根本不是悖论,而是一种正常的逻辑,因为这个年轻女孩完全没有陷入危险的境地,你可以完全地信任她。她可以在明年夏天游历欧洲,她可以深深地爱上一个骑摩托车的生活艺术家,或者她也可以成为当今所有父母的噩梦,她可以经历所有的一切。因为她拥有这种能力,她可以看着别人的

⊖ 这里是说家长喜欢什么就可以把什么东西留下,而孩子却没有这样的权力决定是否可以留下自己喜欢的东西。——译者注

眼睛说出："别说了！这就是我！"这种能力简直太美好了。我已经和成年人一起度过了 40 年的时间，他们迫切地需要并且渴望学习这种能力，尤其是女性。

耶斯佩尔·尤尔谈批评父母的决定

瑟吉玛（15 岁）：

为什么父母会那么频繁地替我们做那些我们并不认为是正确的决定呢？

耶斯佩尔·尤尔：

父母之所以会这样做，是为了承担责任，为了做正确的事情，因此他们需要孩子的反馈。不幸的是，孩子的反馈通常都被加了密码，因此从表面上看起来可能就是这个样子："我不配合，我会很消极"等类似的情况。父母有很多事情要去做——即使他们的孩子已经 15 岁了。实际上，当孩子步入青春期，父母就不应该再为孩子做那么多决定了。父母现在应该放松身心，更加关注自己的伴侣。

耶斯佩尔·尤尔谈青少年的激进语气

话题：当父母发现孩子具有攻击性时

卡尔（15岁）：
我妈妈认为我说话的语气具有攻击性，我该怎么办？

耶斯佩尔·尤尔：
最好的方式是——但是可能并不容易——当你靠近你妈妈的时候，抱住她并对她说："妈咪，我也爱你。"

耶斯佩尔·尤尔谈与孩子交流

话题：我应该怎样和孩子交流？

母亲：
您总是说我们应该问孩子："我们现在出现了这样和那样的问题，我们应该怎么办？"但是我认为，我们通常不会从孩子那里真正得到一个建设性的答案。因为他们的回答是："我想要更大的房间，我想要更多的时间……"这些东西我通常都无法提供。

耶斯佩尔·尤尔：
所以这就是您认为不应该询问孩子的原因吗？

母亲：
我知道，这种沟通方式很重要，但是我通常达不到目的，因为我的女儿阻碍了我。

耶斯佩尔·尤尔：
那是完全不一样的事情。现在我们说的不是普通意义上的交流，我们必须做一些不一样的事情。通常来说，我认为您应该去问孩子，因为他们心中已有答案。但是，他们通常会以一种"编码"之后的方式来表达，因此您必须对他们的表达进行翻译。但是我认为您和您的女儿需要重新换一个角度再开始，你们双方首先都必须拥有一部电话，然后才能讨论如何使用它⊖。

⊖ 这只是一个比喻，意思是当双方都知道电话是什么的时候，才能讨论如何使用它。——译者注

Respekt, Vertrauen und Liebe
Was Kinder von uns brauchen

我们想要什么样的孩子

少就是多

父亲是爱的领导者

耶斯佩尔·尤尔谈兄弟姐妹关系

耶斯佩尔·尤尔谈公平分配家务

04

父母的爱不是牺牲

孩子的需要

孩子的需要

现在再让我们回到我从自己孙子那里学到的一些东西。因为"成年人可以允许孩子做哪些事"这个话题仍然存在很多悬而未决的问题，大多数家长，尤其是母亲，父亲其实也一样，他们特别害怕对自己的孩子说"不"。因为他们担心孩子会感觉到被拒绝。我妻子和我跟我们的孙子一起度过了一段日子，我妻子很喜欢和他一起玩耍，他们每天大约会一起玩16个小时，我的妻子感觉很幸福，一切都非常完美，双方都拥有了一段美好的时光。然而我和我妻子不同，对我来说，偶尔和孙子一起玩半个小时或者四十五分钟之后就没办法再继续玩下去了。有一次，我妻子必须去参加一个会议，我对孙子说："今天我们都会很孤单，因为我不像奶奶那样喜欢玩游戏。也就是说，当只有我们两个在家的时候，你需要自己一个人玩。"那时候我孙子只有两岁，他立刻说："不。"我知道，这时候我只需要等待十分钟，他就会自己去玩耍了。三天之后，我孙子跟他爸爸聊天并对他爸爸说："爸爸，你知道吗？爷爷并不是那么喜欢玩耍。"他发现了我不爱玩，对我来说这真是太好了，同样对他来说也是如此。因为这之后他不会总是来找我并乞求我："爷爷，爷爷，和我一起玩，和我一起玩嘛。"他可以简单地和我一起生活，同时也可以思考他想要的是什么。

现在让我们回到那个基本的问题——这个问题存在于家长和孩子之间：我应该如何设定我的界限？这不是关于孩子的界限，这个界限任何一个人都可以设置，它们只是规则，孩子们并不需要它们。但是孩子们需要能够很好地划定界限的成年人，或者在未来三四年内对此有意愿并进行相关学习的成年人，还有那些他们想说"可以"就能说"可以"，想说"不可以"就能说"不可以"的成年人。

我们想要什么样的孩子

今天我们有一个选择："我们想要一个健康的孩子，他有时可以对我们或者对其他有权威的人说'不'"，还是"我们想要一个顺从的孩子，对什么都说'是'"？大多数家长都会很机智地说："最好两种都要。"不幸的是这并不会总如人所愿。如果我们想要一个健康的孩子，他有良心、敢于拒绝权威，那么我们就必须学会对话。我们也必须学习如何靠近孩子，例如我们对孩子说："好吧，既然你不想要这样，现在情况就变得困难了。事实上现在我们每个人都必须要去（做某件事），但是你不想和我们一起去。我不知道我们现在该怎么办了，我们必须一起寻找解决的办法。"

　　我父母那一代人完全没有选择，他们的选择只有一种可能性，但是今天的家长可以做选择，可以问自己："我想要什么样的孩子？"我想强调的是，父母必须做出一个选择！因为对孩子来说，生活在这样善变的家庭里并不舒适：在早上9点到11点的时候需要顺从父母，在11点到下午3点的时候顺从又不重要了，从下午5点到晚上8点的时候孩子又必须听话，以此类推。这样会使孩子精神错乱，因为从原则上讲，这是哲学视角里的两种世界观——不可能出现在同一时间和同一空间。我们并没有注意到这一点，因为我们试图变得现代化——当这样的方式行不通的时候,我们就会回到过去,把旧东西从抽屉里拿出来,然后说:"是的,我们还需要一些限制,因为有一本关于这个话题的书。所以,我们现在一起来设立一些规则吧,这样就可能会管用了。"

这确实是一个巨大的挑战,我们大多数人的确没有用这种方式反思过。我们大多数人都被教育要学会顺从和听话。我经常引用我在克罗地亚认识的邻居的故事。每次我到达村庄的时候,我都会去拜访他,我们一起喝咖啡,20年来他每一年都说同样的话,我也总是说同样的话。他说:"耶斯佩尔,我们在铁托(前南斯拉夫联邦总统)领导下的生活会更好。"我说:"你并不是真的这么想的!"他说:"我就是这么想的。你知道为什么吗?因为今天的我们必须思考太多东西了。"这不仅仅是一个好故事,这里还体现了过去和现在巨大的差异,我们今天拥有的机会和选择,其实也意味着巨大的责任。<u>当一个人顺从的时候,这个人就没有责任,但是现在的我们突然要自己做决定了。我们必须作为父亲或者母亲做决定——想要什么和不想要什么。</u>我们大一点儿的孩子几乎每天都必须这么做。在使用电脑和互联网的过程中他们每天都必须要做很多决定,这是人们完全无法想象的,比如我现在是想和我最好的朋友聊天还是去看硬核色情影片?总是有这样的选择。我们作为人类,基本上都有能力去做选择,但是我们必须将我们的选择付诸实践。

这些反思对父母而言非常重要,在思考如何做决定时,也可以让孩子稍加等待,即使他们不喜欢等待。当一个孩子问你:"我可以这样或者那样做吗?"你回答:"我也不知道,我需要思考一下或者我要和你妈妈讨论一下。"然后孩子会说:"但是我想现在就知道答案!""我理解你,但是不行。""好吧,那么什么时候可以呢?""我现在不清楚,可能周五或者下周吧。"然后孩子就会很生气:"哼,你就是个笨蛋!"接着他就走开了。但这实际上对孩子来讲是一个巨大的礼物,因为当他们十四五岁或者十八岁的时候,就可以模仿这种方式。当一个不良团体要求他加入时,给他带来了群体的压力。他可以说:"我不知道,我需要考虑考虑"或者"在我做决定之前我需要先去和某个人讨论一下。"

我们可以安心地花时间去找到我们自己的路,我们甚至就应该这样去做。父母并不是必须知道所有的事情,就像孩子知道的东西也很少一样。儿童、青少年和父母总是会不断地体验到新的东西，如今已经很难去定义自己的价值观并且去支持它们了。

所以，让我们停止"父母是孩子的好榜样"这种浪漫的想法吧。这是不可能的事情！有时候我们会是一个很好的榜样，但有时候我们又是一个很坏的榜样。事情就是这样，这其实非常好！我们每一次都可以追溯到自己的历史，我相信，我们大多数人都会发现："当我父母是坏榜样的时候，我从他们那里学到了好多东西，但是当我父母是好榜样的时候，我学到的东西却不多。"现在让我们减轻一下压力。也就是说，我们现在可以减少80%的教育，这些教育带给我们压力——"我必须成为一个积极的榜样"的想法——也会消失。现在我们可以给自己放个假好好地放松一下了。

少就是多

今天的孩子是每个家庭的中心。20世纪五六十年代，我们向政客传达信息：孩子必须居于中心地位，我们必须认真对待儿童。现在，几十年后的今天，他们终于处于中心地位了，在家里也是一样，孩子一个人坐在那里，感到非常孤独。因为每一个居于中心的人都是孤独的，其他人都有同伴，而孩子却一个人坐在中间。当我们去看望我七八个月大的孙子时，我不得不反思，因为我也体会到了孩子的孤独。我们想吃饭，我孙子一个人坐在高脚椅子上，我和我的妻子还有我儿子儿媳坐在一起看着这个可怜的孩子，对孩子来说这是特别不舒服的一件事，我们也很难去想象那种感受，但是我们却称之为关注——"他需要我们的关注"。当你有五个孩子的时候，这种情况会好很多，因为你没有那么多时间。如果你不相信，那么请你回忆一下自己第一次去岳父母家的情景——就是那种感觉。你会清楚地感觉到，自己一直都被监视着。尽管他们小心翼翼，但是你仍然会感觉到被监视，这让人很不舒服。

因此，我真诚地呼吁父母双方可以交流一下："我们的需求是什么？我们的孩子现在已经 16 个月大了，他从我们父母双方这里都得到了百分之百的照顾——这已经足够了。从今天开始，我们两个也必须开始真正的生活，并且多花时间关注彼此。"当孩子来找我们并对我们说："你应该和我一起玩。"我们可以回复："但是我不想。""那你就是个傻瓜！""是的，我可以理解你会这样认为的原因。但是现在我想要看会儿书 / 现在我想和你妈妈聊会儿天 / 现在我只想保持安静。"

父亲是爱的领导者

不知怎么，父母被禁止说出"我也想要拥有自己的生活"这句话。可能有人会说："难道你的孩子不是你生活的全部吗？"对于这个问题有一个非常简单且有效的回答："不是这样的，非常抱歉。我的孩子只是我生活中一个很重要的组成部分，其实我的生活里还包括更多的东西。"但是那些如此表达自己想法的人并没有胜利，胜利的是那些浪漫主义者，那些说出"我的孩子就是我全部"的人。他们可怜的孩子把父母的生活扛在了自己年轻的肩膀上，这其实是错误的做法。

我认为，我们现在可能需要比过去更多的专业指导，因为我们完全不能注意到我们的孩子在什么时候试图和我们说出对他们自己或者对我们真正有用的东西。比如说："爸爸，现在你做得有点多了"或者"你需要放松！"但是孩子的反应在某种程度上是自相矛盾的。也就是说，孩子的感觉是这样的："要是我爸爸总是在我身边或者总是表现得超级积极,那就意味着他就是用这样的方式在爱我。我非常希望他爱我!因此,我要寻求更多这样的爱。"我认为,孩子的反馈以及父母双方的相互支持在这里非常重要。

我们做父亲的清楚地知道这一点。在拥有第一个孩子的时候——通常第二个和第三个孩子也是如此,但是在第一个孩子身上表现得特别明显——我们会经历这种感觉:"如今我失去了一些东西。现在我不再是我妻子心中排名第一位的人,而是第二位了。"父母必须共同合作,并且思考一下:"我们有三个孩子,他们分别是2岁,4岁和6岁。在生活中,我们除了照顾孩子,还应该做些什么?"答案如果是"没有"的话,那就太糟糕了。<u>孩子需要并且想要健康的父母,也就是说,父母能够塑造自己的美好生活。</u>孩子们虽然会抱怨,而且如果父母独自离开一个周末,孩子们看起来好像就快要死掉了一样,但是他们其实喜欢这样——这非常好。我们都需要这种变化和发展。

我的一位同事曾经说过,男人应该从他拥有第一个孩子开始承担起新的职责——他们实际上应该是爱的领导者。也就是说，他们应该保持夫妻关系——不仅仅是延续下来，而是真正地保持下去。他们还应该注意，孩子和母亲应该有一定的距离。我对这个想法的建议是，在第一个孩子出生的时候，每个男人都应该给自己的妻子准备第二部手机，在旧手机上可以给妻子备注"孩子妈妈"，在新手机上为妻子备注姓名。这样妻子就会知道，当第二个手机响起的时候，是自己的丈夫想和自己聊天而不是想和孩子的妈妈聊天了。

从我们这一代开始，我们的父亲就一直在家庭里寻找使其有意义的角色。对我来说，父亲就是一个非常有意义的角色。我们那个年代，妻子总是会跟丈夫抱怨："我们上一次去电影院是什么时候？为什么你不邀请我去看电影了？"换句话说，妻子注意到有些东西缺失了，于是就开始抱怨。但是现在丈夫逐渐发现，妻子其实也不知道应该怎么办，所以她们只能抱怨。因此我认为，丈夫来接管这件事非常重要："这是我的工作。从今天开始我就是爱的领导者。"当父亲这样做的时候，孩子也会非常喜欢。

耶斯佩尔·尤尔谈兄弟姐妹关系

母亲：

我和女儿相处得非常融洽，但是我发现我很难在我和三个孩子同时相处的时候与他们保持好关系。他们之间存在着竞争以及对我各种各样的提问……我在那种情况下很难保持镇定和确保公平。我发现我那不同年龄阶段的孩子们（10岁，6岁半和4岁）彼此相处也非常困难，因为他们会有非常多的争斗，比如在最大的和最小的孩子之间，年纪最大的孩子会完全投入，认真地向年纪小的孩子展示他可以做得更好。在这种情况下，我发现我很难完全冷静地去和他们保持好关系。

耶斯佩尔·尤尔：

我理解。按理说这件事并不只是困难的，而是不可能的。孩子们和他们的父亲一起生活吗？

母亲：

是的，但是他经常不在家。

耶斯佩尔·尤尔：

是的，父亲就是这样，不知道为什么他们总是经常消失。我之所以这样问，是因为我真的认为您最好能够和您的丈夫在一起。不是说他必须要说很多东西，他只需要在那儿，然后你们将孩子们召集到一起，对他们说："孩子们，认真听，我很想和这里的每个人都保持好关系，但是对我来说这是不现实的。我的注意力和我的感受属于我自己，由我自己决定。欢迎你们来找我，欢迎你们来问我问题，你们可以得到我能给予的一切。现在你们可以去玩了。"我真正地觉得，要是您继续像以前那样持续下去的话，您会崩溃的——这当然不行，就像是一个全天候开放的加油站，而这个加油站只有一名员工，这肯定是不可以的，孩子也无法得到满足。人们常常说的"现代神话"之一是：孩子需要非常多的关注，但是当关注度比他们所要求的少得多的时候，孩子们也能应对。孩子们当前无法关心，或者说只能以后再理清他们关心的是什么——是母亲的生活和健康。对此，母亲必须在她伴侣的帮助下处理这件事，这对于每一个孩子来说都是最重要的事情，您相信吗？

母亲：

是的，从理论上来讲，我也知道这一点，但是从生活实践中来看，经历孩子之间的争斗对我来说特别困难。

耶斯佩尔·尤尔：

是啊！

母亲：

当然，他们之间发生争斗是为了引起我的注意……但是，观看这场不公平的游戏，我并不想站在任何一边……我也知道，他们在互相争论，但是我很难去看他们争论。

耶斯佩尔·尤尔：

是的，我理解你。

母亲：

这同时也阻碍了我和孩子们之间的关系。

耶斯佩尔·尤尔：

是的，但是我非常认真地感觉到——这对孩子们来讲是个好消息,当母亲可以发自内心地说出:"听着,我想要和你们每个人建立一种良好的关系,但是现在这种情况是不可能的,我想做出改变。"而这种改变正是送给每一个孩子的礼物。他们彼此互相争吵,并在接下来的七八年里继续这样,然后一切就过去了。

耶斯佩尔·尤尔谈公平分配家务

母亲:

我的故事实际上比较平庸,是有关家务分配的事情。我有五个孩子,他们的年龄在2岁到17岁之间。我觉得家务活儿非常烦人,所以我让家里的每个人都分担一些家务活。这样一来,或许我们就可以完全畅通地穿过整洁的公寓了。我儿子准备洗澡的时候,发现有需要换洗的衣物搭在浴缸上,他会把它们扯下来扔在地板上,而地板上经常都会放着猫砂等各种各样的东西——我总是会非常认真地问自己:"他到底在想什么?"我们对这个话题讨论了很长时间,我分享了我的愿望、担忧和需求,但是这些事情总是一次又一次地发生。目前,我想给我的孩子们——至少年纪比较大的孩子——最好买一套青年公寓或者别的什么，我可以和他们约着一起见面喝咖啡，做一些让我们都感觉到开心的事情。但是目前这样的日常相处就很困难。

耶斯佩尔·尤尔：
您是一个人在照顾所有孩子吗？

母亲：
不是的。我需要补充的是，我们是一个组合家庭，有两个孩子还有另一位父亲，他们有时候会和他在一起。我总是问自己，是不是他们和我在一起的时候并没有家的感觉，是不是缺少了什么东西，因为在我们家里那种作为家人的责任感和团结感完全不存在。

耶斯佩尔·尤尔：
我询问您"另一半"的信息，是因为我认为他必须在您身边支持您。他需要说："我的妻子对现状不满意，我不想她这样。"然后，您也可以为自己说话："现在情况是这样或那样的，我不想再继续下去了。"对此，您不需要长时间去讨论这个问题——讨论这个话题的时间越长,成功的概率就越小。只需要记住一点:"我是一个人,我免费在这个家里工作,从现在开始我不想再继续了。"

当您问自己:"我能提这个要求吗,这样可以吗?"我的答案是:不仅仅是可以,而是必须可以——对孩子们来讲也是如此。人,在群体中生活的人,对群体毫无贡献的话会使他们失去尊严——不管他是6岁、16岁或者60岁都无关紧要。当然,您不应该指望年轻人会自己爱上家务,并走到门口大喊:"太好了!现在我终于可以打扫了!"他们或许会生气,并尝试一切可能逃避的方法。因此,很重要的一点是,您并不孤单,您的伴侣陪在您身边并且有明确的立场。当然,我们现在在这里讨论的只是最低限度,一个正常的孩子怎么会对社会或家庭毫无贡献呢?如果真是那样,孩子们也从中得不到任何对他们的生命有价值的东西。

母亲:

嗯,我有两种选择,要么带上这顶警察帽子对他们说:"好了,你们现在去打扫浴室或者去做其他的家务",要么我自己一个人来做这些事情。我发现我总是追着孩子们去完成他们的职责，这让我感到非常疲惫，我一点也不想这样。因此我总是试图去找出为什么他们会这样想或者为什么他们完全不这样想背后的真实原因。

耶斯佩尔·尤尔：

好吧，当您总是需要应对这种情况的时候，即使是再聪明的人也会很痛苦，但是我认为在这种情况下只有一种可能性。比如说，您可以在冰箱上挂一个日程安排表，在上面写清楚谁在什么时间需要做什么事情。一旦这一切开始奏效了，您就可以再进行其他的安排，但是在此之前都应该维持这样。

关于这种责任，我还想再补充一些内容。父母总是会问："好吧，我可以告诉孩子们，我们可以和孩子们一起讨论这个问题——但是如果孩子们不配合的话，我们该怎么办？"答案是：如果孩子不配合，那么问题就不再是随地乱扔的内裤，需要换洗的衣物之类的东西了——问题在于关系。您必须坐下来，对他们说："听着，我觉得你们不尊重我，我并不喜欢这种感觉，我想知道背后的原因。"然后，我们并不需要一般性的争论——这是个人的问题，我们必须亲自和他们交流。通过警察游戏或者控制手段并不会起作用，您也不应该去控制任何对这件事情有责任的人，这个人必须自己来找您并说："我知道，其实今天就应该做完这些事情，但是我却没有完成它，我会在后天完成。"这属于青少年或者接近成年的孩子的责任感。另一方面，如果他表现得像个小孩子："我应该今天做，但是我并没有做，希望父母不会发现。"这就是最低层次了，正如我说的，他失去了自己的尊严。因此，父母不应该纵容他这个样子。但是在这个世界上也确实存在这样的父母："我愿意经营好一间旅馆，我的孩子不需要做任何事情。"

Respekt, Vertrauen und Liebe
Was Kinder von uns brauchen

用棉绒包装的爱

没有真正引发兴趣的对话没有意义

谁来做决定

犯错有时是好事

生活中不止有对与错

耶斯佩尔·尤尔谈家庭讨论

耶斯佩尔·尤尔谈是否要保护孩子免受压力

05

全身心地交流：
充满尊重、
信任与爱的对话

孩子的需要

孩子的需要

在咨询过程中,我们只有一种主宾形式的对话。父母总是会问同样的问题:"我们应该怎样对待一个九个月大但是不喜欢睡觉的孩子?我们应该怎样对待一个 2 岁但是不爱吃蔬菜的孩子?我们应该拿一个已经 7 岁但是不想做家庭作业的孩子怎么办?我们应该怎么对待一个 14 岁了但是不回家的孩子?我们应该如何对待这个'家伙',才能改变它?"我认为,现在大多数人都知道这些问题其实没有答案。对于"我应该怎么去对待这个'家伙'?我们应该做什么才能让他准时回家?"这些问题也没有答案。这个'家伙'已经 14 岁了——这就是你需要掌握的全部内容。当你提出了类似问题的时候,答案只有:暴力。尽管在孩子青春期之后暴力就不会再起作用,但至少你在前 12 年有一个听话的孩子。

因此，我们必须发明一种新的语言，一种基于关系的语言。并且，在这里我们一定需要对学术术语进行发展。我认为，我们至少还需要20年的现象学研究才能发展出这种语言。

现在让我们回过头来问问自己：上述这类对话表明了什么？对此，我们需要一种语言。直到现在我们都只有一种命令式的语言，从大约十年前开始还出现了空姐语言。如今很多家长的表现都像空姐一样，她们越来越友好，有着如此专业的微笑，总是说着"请"和"想要"，并且她们总是用客气地语气说："请问你想要……"。这使每个孩子都感觉到困惑，同样也使成年人感到困惑。之所以出现这种"友好"的方式，是因为我们实际上并不想直接行使我们的权力。尽管如此，我们还是想得到我们想要的东西，所以或许有一种温和的方式可以让我们达到相同的目的。

当父母来找我咨询的时候，他们总是说："是的，我们当然是从好的方面开始的。"也就是说他们带着这种对儿童友好的甜蜜开始对话，例如："我现在希望你能去睡觉。"孩子说："好吧，我现在知道了，但是我不想去睡觉。"我的妻子以前有时候会对我说："你明天想帮助我打扫卫生吗？"我从第一次就知道，这是一个命令而不是询问，她只是在尝试着有礼貌地问话，但是，这种礼貌是可以忽略的，礼貌在这种情况下对她并没有任何帮助。

因此，父母有两种语言表达：旧的命令式语言和这种友善的、礼貌的和完全没有实质性内容的语言，这种语言根本是无灵魂的，无血无肉，仅仅只有友好。这种语言在公交车上，在购物时都非常棒，但在爱的世界里，使用这种语言完全就是惨败，根本起不了任何作用。

我们注意到现在有的孩子会有这种情况：当他们三四岁的时候，他们的父母来找我抱怨："我们真的不明白，孩子不听我们的话。"（对于有些父母来说，这意味着孩子不听话，而对有些父母来说，这意味着他们不听话且不服从）我可以百分之百地确定，孩子不听话的唯一原因就是成年人话语的说服力太低而使人无法投入。也就是说，我们必须学习另一种语言，一种有骨有肉的，一种真实的语言。

用棉绒包装的爱

一位母亲曾经告诉我："耶斯佩尔，我非常不高兴。我朝

05　全身心地交流：充满尊重、信任与爱的对话

着我两岁半的孩子大吼了。"我问她："您大约多久对孩子大吼一次？"她回答："就一次。"我问她："你是说每小时一次还是一天一次？"她说："不，不，不，一生就这么一次。"我告诉她："噢，你每小时都对他大吼也不会发生什么，这是完全可以的！"但是现在的父母并不相信，他们是如此绝望的浪漫主义者，他们认为："我的感情会伤害我的孩子。"但是这不是真的，伤害孩子的其实是这种感情的缺失！在这种总是直截了当的家长角色下，人们一直都对全局有一个概览，在这种概览下人们好像总是知道应该去做什么，即便有时候完全不知道该怎么办，这才是对孩子真正的伤害！

　　如果家庭关系不和谐，可能还和父母所扮演的角色的真实性有关。当父母扮演父母的角色，孩子就会扮演孩子的角色。这样一来，孩子就会难以忍受，因为他们的行为是如此的愚蠢和幼稚[一]。有一件事情非常危险，<u>当父母以第三人称来谈论自己，比如说："妈咪不想你去……"这样很危险，因为当你这样讲话的时候，你和你讲的东西完全没有任何联系。</u>同时，你会认为这样很好且不管怎样都很友爱。但是，请你想象一下，有人

[一]　这里的意思是家庭不应该是剧场，不需要每个人都进行表演，而应该去做真实的自己。——译者注

在找伴侣寻求帮助的时候以这种方式和伴侣讲话："你的丈夫现在没有心情。"每个人都可以从这里听出，这句话里面没有任何联系。但是这种友好的表达——"不，妈妈不想这样"，看起来很可爱，好像说这句话的成年人只有3岁一样。

正确的说法是："我想要……"，并不是："妈妈想要……"。

我们已经认识到了这些家长的第一代孩子，他们现在处于14~18岁之间，没有生活能力，神志萎靡，割伤自己（自残）并且有着饮食障碍等问题。他们还没有做好面对生活的准备，因为他们是在棉绒层里长大的，在那里面人们总是充满友爱和礼貌。孩子们在托儿所和在学校的时间越长，他们就越需要父母，他们可以感知到父母的感受，而且更多的是，孩子可以真实地捕捉到父母的感受，这非常非常重要。同样的，孩子也需要感知教育者和教师的感受，对此我后面再补充。

没有真正引发兴趣的对话没有意义

在孩子和父母之间对话的想法依旧很新颖。几年前，我碰到了我的老同学，我问他们："你们中的哪些人小时候有过父母想和你们交流你们期望的那些感兴趣的话题的经历？"所有人都回答："从没发生过这样的事情。"孩子和父母之间的交流经常都是由父母提出问题开始，然后孩子必须回答。大概从孩子7岁开始，他们不再回答父母的提问。相反，当儿童或者青少年来问父母问题的时候，事实上他们通常想的是，如果父母想的话，是可以和他们进行真正的交流的。<u>许多父母不知道如何在不去教育孩子的情况下或者在不充当父亲或者母亲的角色下和孩子交流。</u>

我们应该如何和孩子进行一场彼此都感兴趣的对话？这种对话很少会发生，因为父母有着像记者般表现的习惯。"你在学校过得开心吗？在学校过得怎么样？你做完家庭作业了吗？"父母会问出一个接一个的问题。这种方式并不是特别好，因为如果父母只是提出问题，那么他们只会获得相应问题的答案。随着时间的流逝，答案会逐渐变得越来越少。

另一点需要注意的是：<u>当你只提问的话，你就可以躲在问题的背后，而回答问题的人则必须保持开放，这是"不平等"的，这也是不行的。</u>父亲和母亲可以一起尝试一下这种对话方式，然后你们很快就会发现以这样的方式根本无法交流。一个

孩子的需要

人总是提问,另一个人总是回答,这显然不行。有的家长会说:"好吧,但是如果我不问问题的话,我根本获得不了任何信息。"是的,就是这样。或许是时候让自己沉浸在真正感兴趣的交流之中了。

让我想象一下,假设我的儿子26岁了,有两个孩子,他和他的妻子来看望我——我可以真正地和他交流吗?当然我可以问第一个问题:"最近过得怎么样?""还不错。""你的工作怎么样?""还不错。""孩子们怎么样?""也还不错。""你饿了吗?""是的"。然后对话就此结束了。我说这些并不是为了取笑其他父母或者我自己,而是更严肃的事情!我必然会经历这样的情景,因为在那种情况下我不知道该如何和我的儿子进行一场有意义的对话。我问自己:我想对我的儿子说些什么?我已经四个月没有见到他了,我已经准备了五个常规问题——我还有什么其他想说的吗?我还想要说什么吗?我花了24小时,终于找到了答案。实际上,我只想对他说一句话:"我可以在这里坐几个小时,你只管尽情享受就行,可以吗?"但是这种话并没有人对我说过,我的父母总是对我说:"你的头发现在又变长了"等类似的话语。

谁来做决定

要是父母仍然想要替青春期的孩子做所有决定，那他们就是在犯一个巨大的错误。因为这意味着青少年没有自我练习的机会。比如，当一个青少年问家长："我可以赴保罗的约吗？"这时候母亲会反问她："你做完家庭作业了吗？"没有任何逻辑可言，我们的父母也是这样讲话的。当我问："我可以去电影院吗？"得到的答案会是："家庭作业做完了吗？如果我是上述例子中的母亲，我会回答："我不知道，但是，我想拒绝这个请求，你是怎么想的？"这不是民主或者权利的问题，这是孩子学习如何自主决策，如何逐渐学会承担起自己责任的问题。

而且，不管父母的行为是否表现得像独裁者还是说他们非常理智，当他们想继续替孩子做决定的时候——他们基本上都忽略了自己的孩子。在这个过程中，孩子只学会了一件事情：人们必须按照权威行事，这就是生活。与此同时，这些父母会非常担心那种众所周知的群体压力的到来，青少年将他们的朋友当作权威并像父母要求他们的那样去听话和服从。因为父母相信，这时候事情就会出现问题。然而，事情有可能变成真的。

这里的基本原则是：你必须尽早开始和孩子一起练习，

并且必须进行对话。这件事看起来是这样的："你是怎么想的？""嗯，我很想去见保罗。""是的，我知道你很想去。但是我的头脑里有你和你的男朋友，你的家庭作业和你祖母的生日。你有没有什么建议，可以让我把所有这些东西都协调好？""我现在只想去见保罗。""好吧，我不能这么快的思考，我已经太老了……"这是某种决策的过程。如果这可以开启与对孩子的对话与讨论，那么家长们也可以获得某种所谓的信任："好吧，我的孩子其实可以自己思考。"这种认识对于许多父母来说都是一个巨大的惊喜。

最迟在孩子进入青春期的时候，当他们问父母："可以吗？"父母应该说："对我们而言这个问题已经不再适用了，我们不再是你的"法官"或者"警察"，现在轮到你自己做决定了。我很愿意告诉你我的想法，但是首先我想知道你自己的看法。因为你必须问自己'我可以这样吗？还是不行？'然后我很乐意听听你的决定，并且我会告诉你我对这件事情的看法。"之后就是最重要的提醒："如果你只是出于我拒绝的原因而去做了某事，那么一切都会变得一团糟！因为你不可能仅仅只在我的指导下生存，你必须依靠自己的能力才能生存。"

犯错有时是好事

父母总是担心他们自己可能会犯错。不知怎么回事，近些年，年轻的父母总是不约而同地说着同样的话，干着同样的事。当这些父母告诉我，他们害怕做错事情或者犯下错误时，通常我会告诉他们不需要有这些担心，因为他们无论如何都会犯错。我所认识的比较成功的父母每天大概会犯 15 到 20 个严重的错误，当你平均每天犯 30 个错误的时候，你也可以安心地入睡。但当你每天犯四五十个错误的时候，你可能需要获得一些帮助。对犯错误的恐惧是基于一个完全不现实的想法，也就是假设自己有可能完全不犯错，但这是不可能的！

有时候还会出现这样的情况，父母会觉得孩子在托儿所或者在学校的时候一切都很好，而在家里的时候所有事情都变得很糟糕。在我看来，和家长进行坦诚的交流并且公开地讨论自己的错误是教育家与教师的任务。因为专家也不可能永远都做正确的事情，而父母也不可能总是做错误的事情，这不是意味着教师应该立马展示出他们全部犯下的错误。但是，教师在和父母交流的时候应该表现出一种不确定性，这种不确定性存在于教师和其他专家当中。我以前经常在日间托儿所担任主管，每当有专业人员和我交流"我和孩子之间有这种或那种问题"或者"我和母亲之间有这种或那种问题"的时候，我都会感觉到很不舒服。事后我总是会想：他们为什么要跟我说这些？为什么他们不去告诉那个母亲或者孩子呢？如果他去告诉他们，就有了对话的可能性。教师们经常想从我这里得到一些东西，一些可以让他们在面对家长时无懈可击且不会受到伤害的东西。我并不喜欢那样，因为我认为我们就是这样塑造这个存在着对与错的世界的，对待孩子也是如此。根据我的经验来说，生活并不是那么容易。

生活中不止有对与错

原则上来讲，父母和教师应该认识到以下事实：当我们一起坐下来讨论同一个孩子的时候，实际上我们讨论的是两个截然不同的孩子，因为老师眼里的孩子并不是家长眼里的孩子。双方可以从中互相学习，共同丰富自己对孩子完整形象的认识。想要做到这一点，教师必须展露出自己的不确定性，可以说："是的，我们也不知道怎么做才是正确的。"

孩子不仅要和家长合作，还要和托儿所以及学校协调，他们要承担很多事情。当我的孙子在托儿所里待了大约一年的时候，我们碰到了一个一直都困扰我们的问题。有一次，他终于下定决心并且明确地表示："对于那个问题我们不需要再有更多的讨论了！"这是他从托儿所里学到的，因为托儿所某一位成年人说过这句话，现在这句话非常符合他的心境，因为它是如此明确。不管怎样，我们还在年幼的时候就必须"品味"这样的说法了。

对于孩子来说，这种双重社交当然是可行的，但这同样也给他们带去了很多任务。教师和教育专家越多地认识到幼儿园教育和家庭教育的巨大区别，他们就越能给家长们提供更好的建议。我们不能用幼儿园里解决问题的方式去解决家庭里的矛盾，必须有所改变。

耶斯佩尔·尤尔谈家庭讨论

母亲：

我比较关注对话的问题。我们应该从什么时候开始和孩子展开讨论,又到哪里停止对话呢?比如在早晨,由于时间压力我必须让孩子一切准备就绪,我要催他穿衣服,因为我们非常着急,而到晚上刷牙的时候,仿佛一切才会停止,与孩子对话对我来说非常困难,因为我发现自己已经无比疲惫。什么时候我也可以只说一句:"好了,就这样吧。"而且,我可以在哪里真正地花时间去讨论呢?

耶斯佩尔·尤尔:

关于您问题的第一个部分我想说的是,对话与讨论之间有着非常重要的区别。现在我们说的东西和讨论无关,我并不是说您应该和您的孩子一直讨论。您说的对,讨论和谈判可以和孩子永无止境地进行下去,但是我并不建议这么做,因为这不会给您带来任何帮助。我曾写过一本小书《边界,邻近,尊重》(*Grenzen, Nähe, Respekt*),书名中的三个词语正体现了交流的核心。对话的方式听起来可能会是这样:"我很想给你刷牙,我认为刷牙对你来说很重要。但是你不想刷牙,我现在不知道该怎么办,你能帮我吗?"之后,2岁或者3岁的孩子就会说:"我就是不想刷牙。""是的,我一直都知道。但是你必须帮助我,因为我想给你刷牙,可是你却不想。"这样的场景会重复一次,两次或者五次,之后孩子就会过来对你说:"你给我刷牙的时候会弄疼我。""好的,或许这次可以换一个人来给你刷牙。""不行,要是这样的话我宁愿自己刷牙。"然后,您就可以说:"噢,真是个好主意!现在你已经能自己刷牙了"第一次的时候他当然不会同意,但是或许在第二次的时候您就成功了。这就是事情的运作方式,并不需要策略。

我创造了一句俗语:如果没有其他办法,那么请尝试用事实说话。在这个例子中所体现出的是:"我认为刷牙很重要,而你不想刷牙。现在我不知道我应该怎么办,因为我并不想强迫你去刷牙。事实上,我最希望的情况是你认为一切都很好,但是你并不这么认为。现在该怎么办?"这也给孩子们留下了深刻的印象。然后您第二天可以问他:"今天你还好吗?你想刷牙吗?还是说今天你也不想刷牙?"

当我们邀请孩子说"不"的时候,他们通常会变得非常镇定并且说"好",这其实适用于所有年龄段的人。如果我们处于一段关系中,我们必须知道,拒绝他人是可行的,并且是被允许的。如果我们没有这种经历,将永远无法说出真正的"好"。

因此必须给予这种说"不"的权利。如果您没有时间，那么非常简单，可以直接说："我现在没有时间和你谈论这件事情，希望明天会有所不同。晚安。"

您不要去和年纪很小的孩子一起做很大的事情！因为就算是吃饭也会出现很多很多的压力。当您4岁的时候，您可以一整年都靠意大利肉酱面生存下来吗？是的，您可以很好地生存，这完全不是问题。您可以这样做吗？是的，为什么不可以？对所有人来讲都很简单。意大利肉酱面可以装在10升的锅里，并且一直都保存在冰箱里，这会使生活变得非常简单。然后，您就可以有很多时间去和孩子一起刷牙了。

我想说的是，父母必须明白，他们的内在压力来源于——"我必须成为一个完美的母亲"或者"我必须成为一个完美的父亲"这样的观念，但对孩子来说就是"我不是一个完美的孩子"。如果我们在这种压力下采取行动，就必须一直都对孩子做些事情来证明自己是个好母亲或者好父亲。想象一下，作为成年人，如果我们也像这样对待彼此会是什么样子。当我和一个女士出门时，我必须一直都对她开愚蠢的玩笑，否则其他人就不会把我当成一个真正的男人？

父母通常是这样想的："当我带着孩子去见医生，但我的孩子体重超了 15 克或者少了 15 克的时候,医生会怎么说?"我会对家长说:"放宽心!"我要让他们放松并对他们说:"这件事确实没那么重要"——我非常建议您也这样做。

耶斯佩尔·尤尔谈是否要保护孩子免受压力

母亲:

我有一个有关压力的问题。我有一个 6 岁的孩子,他在幼儿园经历了一些事情,我们要把他接回家。举个例子,我跟他说:"拉尔斯,你病得很重,今天要待在家里。"他随后回答:"妈妈,我不能待在家里,我必须做完我的手工制作。"但是考虑到一些其他的原因,我们还是把他从幼儿园接了回来,并送他去了另一个幼儿园上学。他最初在那里很高兴,也和我们预期的一样正常生活。但是,随后他就遇到了很多来自于外界的压力——不是来自于亲戚,而是来自于邻居。有一次,他在玩耍中哭着对我说:"妈妈,我要重新回到以前的那个幼儿园,不管那个幼儿园里有什么。她们应该让我一个人待着,她们一直问我为什么不再去那个幼儿园了。"这是新幼儿园的妈妈们问我儿子的问题,而不是新幼儿园的孩子们。对我来说这非常糟糕,在这之后,我决定让我的儿子变得更坚强,并且不再去和那些妈妈争执。后来,我们遇到了一个新的挑战——上小学。他不去上属于我们这个片区的小学,而要去另一所我们认为拥有更好教学方法的学校。现在,我一直都在思考:"我应该怎么办?我们的邻居一共有七个孩子,实际上他们应该是在一个班级,但是现在我们却选择了另一条路。"我的孩子很期待这所新学校,他对我说:"妈妈,我想要一所和我新幼儿园一样的小学。"感谢上帝让我们为他找到了这所学校。现在,我的下一个挑战是:当他想要和其他孩子一起玩耍的时候,且其他孩子的妈妈都在场的时候,我是否应该总是陪他一起以保护他?我跟他说:"拉尔斯,我告诉你一件事,当你秋天的时候去另外一所学校上学,不管谁问你什么事情,你都要告诉我。你对那些人说'你们必须去问我妈妈。'"我还能够做些什么?即使他喜欢时不时地去和那些孩子一起玩耍,我应该不允许他和那些孩子一起玩吗?还是我必须和他一起去?我怎样做才能更好地减少孩子的压力呢?

耶斯佩尔·尤尔:

首先,我必须知道:拉尔斯有幽默感吗?

母亲：

有的！

耶斯佩尔·尤尔：

很好，他需要幽默感。在这个故事里，和其他母亲相比您完全是正确的一方。母亲们有时候很可怕——谈论彼此之间的事情，甚至她们的交谈会扩展到所有的话题，没有任何逻辑可言。如果是我，我会使"你必须去问我妈妈"这句话变得更强硬一点，他可以说："请您去问我的妈妈，她是我的经理。我不知道我的计划。"

我们在这里谈论的是真正的后果。他做了选择，他的父母也做了选择，同时希望能够带来很多的好处，但这是有代价的。就是这样，这对于孩子来讲是一个很好的机会，他可以开始学会自我定位。您可以和孩子一起玩一个非常棒的问答游戏，游戏是这样的："好吧，那是其他人的看法，你是怎么想的？""是的，我不是这样想的，但是其他人……""但是我现在想知道你的想法。"这样我们就可以让孩子了解到一直都有两种想法：别人是这样想的，而我是那样想的，而且他也并不总是必须要按照自己的想法去做事。我们很喜欢说"你必须遵循自己的直觉或者内心去做事情",但是我们不能总是那样去做。有时候,我们也还想拥有合群带来的安全感,因此会做出妥协,我们会说:"我同意你的观点,我不可能总是独一无二。有时候我只是想和你们一起做事一起玩耍。"这对你的孩子来讲是一个巨大的机会,他会时不时地思考:"对我来说真正重要的是什么?"

现在我们都希望这所新学校是正确的选择,两年后我们就会知道它是否真的如想象中那样。您的孩子愿意为此付出多少?这些仅仅是需要考虑和反思的事情。根据我的观察,现在很多孩子都对解决方案感到满意。一位 13 岁的孩子曾对我说:"我不能告诉我爸妈我遇到了困难,因为他们总是反应过度。他们一定会做些什么事情。"很重要的一点是,您可以对孩子,特别是对男孩子说(因为男孩子目前并不受欢迎)说:"是的,就是很困难。""但是,妈妈,我可以什么都不做吗?""不行,那是不可以的。""好的,但是这真的太难了!""我知道,这就是非常困难。你可以和我一起在这里坐 10 分钟,但是我不能给你带去任何的便利。这样是没有效果的。"许多孩子都希望家长这样做。

现在，我们已经看到了很多完全没有生活能力的青少年，因为他们总是被保护着，甚至总是受到过度的保护。在斯堪的纳维亚半岛，我们称他们为"纯棉儿童"。重要的是，困难的事情其实也可以变得简单。您的孩子善于思考，善于表达自己，也有幽默感，今后他可以从中获益更多。

我经常会遇到这样的母亲，她们为学校做了大量的贡献，然后突然出现了一位新老师，这位新老师没有正确看待她们的女儿，然后母亲就想给孩子找一所新的学校甚至搬家，等等。我会对她们说："为什么？您的孩子有五位老师，其中只有一位是'另类'。这其实是中了一次彩票啊，这是非常棒的一件事！"因为孩子必须学会如何与'另类'打交道。我们每个人都会遇到那些所谓的"另类"——这就意味着，孩子在生活中遇到的不是只有那些与孩子和谐相处的人。孩子必须知道如何与"另类"相处，这并不会伤害孩子。"是的，但是我每天都会因此承受这种压力。""就是这样，没关系，或许您可以随身携带"创可贴"。"

母亲：
非常感谢！

Respekt, Vertrauen und Liebe
Was Kinder von uns brauchen

无成年人的儿童区和无教育的时间

尊重孩子的边界

刺激和过度刺激的界限

第九种智力

从儿童的能力中学习

耶斯佩尔·尤尔谈青少年夜晚离家时长

耶斯佩尔·尤尔谈早教

06

尊重孩子的表现

孩子的需要

孩子的需要

我之前谈论了我的孙子和他所在的幼儿园的事情。大多数孩子都处于一种过度合作的状态，不管是在幼儿园还是在小学都是如此。每所幼儿园之间，每所小学之间都存在着巨大差异，但是不管怎样，和在家庭里比起来，孩子们在学校里都需要更多的集体主义。在所有的学校机构里，孩子必须或多或少地在相同的时间以相同的方式做着不同的事情。孩子们一起做着这些事，有时候在幼儿园或者小学里的大人们甚至都注意不到一个孩子可以做这么多事情。那些年龄大一些的、适应能力强的、能够参与其中的孩子大多数情况下并不会询问他们应该怎么做。很少有人会对这些孩子说："听着，我们对你真的特别特别满意，但是有时候我也想知道你是否也对我们满意，或者这里是否有你不适应的东西？"这对于某些孩子来讲是个很好的问题。

大多数父母都有过这种经历：孩子们到了一定年龄，如果你周末把他们带到祖父母那里，每次你去接他们回家的时候，每个人都很高兴——父母、祖父母和孩子，你会发现他们一起度过了一个愉快的周末。祖父母会说："孩子们非常可爱，一切都非常顺利。"但是在上车10分钟之后，气氛仿佛进入了地狱，你很想知道背后的原因。实际上我们清楚地知道，孩子和我们的父母一起生活两天是很艰难的一件事，这不一定和我们的父母有关，出现这种情况的原因非常简单：孩子们在过度合作。与此同时我们只能希望，孩子们不要承担太多。

我们只有在孩子不再合作的时候才会发现问题。对孩子来讲，父母和老师是否会坐在一起讨论"在过去的几个月里他太超乎我们的想象了。我们问过自己，他配合了我们哪些事情，发生了什么"，这和我们的发现是否有着巨大的差别，对孩子来说意义重大，因为他们知道："啊哈，现在我变得重要了，现在他们尊重我了。"但是，如果大人只是讨论如何使孩子再一次变得"正常"就不是一件好事了。幼儿园的问题在于，他们实际上想把这些孩子标准化，并希望他们适合所有地方，家长其实也是如此。他们对孩子的个性几乎没有宽容。

无成年人的儿童区和无教育的时间

与此同时，大多数孩子的生活里并不存在没有成年人的空间，他们总是被成年人围绕，最重要的是，成年人总是希望自己对孩子而言充满价值和意义。当成年人一直持续和孩子一起做某件事或者为了孩子做某件事的时候，孩子就会感觉到压力。如果可以的话，孩子或许会说："我们可以休息一下吗？"因为我很认真地在研究这件事情，也已经处理过太多有关这个话题的案例了。

在北欧，从20世纪90年代初开始，学校表示在学校上学的孩子没有社交技能，奇怪的是，他们并没有把孩子带到幼儿园或者日托机构，并询问在那里到底发生了什么。幼儿日托是孩子生活中的一个巨大改变，突然之间，孩子将会在幼儿园里度过数千小时的生活。幼儿园应该给孩子传授社交技能，但幼儿园并没有像人们想象的那样运作。我们这一代人在没有成年人陪伴的时候，学会了90%的社交技能，尽管并不总是那么美好，但是我认为，我们的母亲会因为她并没有和我们一起做所有事情而感到高兴，所有的事情都由母亲陪伴很可能会导致母亲或者我们情绪的不稳定，甚至有自杀的风险。

确实存在一些幼儿园，它们拥有很大的空间，并对这些空间有非常多的理解和用途，但是大多数幼儿园都只是徒有很多空间。在挪威，幼儿园里通常都会有一片森林，孩子们去到森林里，然后成年人就会知道他们不应该一起跟过去，孩子想要在那里独立做一些事情。当然，这在一定程度上促进了成年人自律。

人们应该始终牢记，教育就是全天候地给孩子传达信息，在这个过程中孩子们会听到除教育以外的信息："我的父母对我还不满意"，这是非常有破坏性的。所以我非常严肃地告诉你们：请尝试减少教育孩子的次数，多去尝试和体会仅仅陪伴孩子的乐趣。这听来有些浪漫，但是并不困难。当我们的孩子刚出生时，我们都是这样做的。大多数父母都记得最初的 24 小时坐立难安："嗯，接下来的几年我要做出哪些调整呢？这里有一点，那里有一些……"之后，这种纠正就开始了，不幸的是，现在它来得越来越早。

尊重孩子的边界

我曾经受邀参加一个瑞典的脱口秀节目，在节目里家长可以给我打电话。那时有两个有着几个月大婴儿的母亲打电话问我："我应该怎样给我的孩子设定合适的边界？"这简直是太荒唐了！我们讨论了很多孩子需要边界的话题，但是在我们的历史上，孩子的生活却从未像今天这样受局限。我们很少讨论孩子是否有边界！当然，如果你是一位老师，管理着二三十个孩子，这对你来讲确实是一个巨大的挑战。在学校可以允许并享受一定程度上的某种个性，但这种可能性是有限的。或许有些孩子在结束日托，回到家之后会长出一口气，然后说："现在我终于自由了！"

例如，就被诊断患有多动症的儿童而言，很可能与这种现象有关：父母一直无处不在。他们无时无刻不在与小孩子打交道，这就导致这些诊断或者具有这些行为（多动症）的孩子一直都存在。我认识许多在年少时患有多动症的成年人，并且他们的多动症持续到了现在。在他们小时候并没有人意识到这个问题，因此他们并没有得到诊断。他们上学时表现得很糟糕，但是现在他们却做得比我们今天要应对的孩子好得多。近年来，至少在斯堪的纳维亚国家里，很大一部分在小时候患有多动症的成年人都进入了监狱或者尝试过自杀。我们目前对这方面的改进其实非常少，这是很可悲的事情。

实际上，当我们不断地全神贯注于孩子的时候，我们对孩子说过的话或者我们和孩子一起做的事情大约有 70% 是为我们自己而做，只有 30% 是为孩子而做的。这不是特别糟糕，没关系——如果你意识到了这一点。但是，如果你认为那些为了你自己，为了自己的自我形象、自己的良心、自己的威信而做的 70% 实际上对孩子也有好处的话，那么孩子就可能会出现问题。

荷兰的玛丽亚·阿特斯和所谓的"叫嚷儿童"一起拍了很多精美的电影。那时可怜的父母只能遵循 20 世纪 80 年代社会上流行的说法：孩子必须要有两个家长，父亲必须参与，等等。因此，一个三四个月大的孩子换尿布的时候父母双方都必须在场，一个在旁边说话，另一个换尿布。

这个可怜的孩子首先尝试用眼睛发信号："请停一下！"但这并不起作用，然后孩子转过头来通过脸庞发射信号。父母转过头，然后孩子开始哭叫。父母说："天哪，我们的孩子一直在哭叫，但我们所做的事情都是正确的。"也许他们在做正确的事情，如果他们只做到20%就更好了，如果他们做到100%就属于过度关注了。

刺激和过度刺激的界限

即使在幼儿园也存在这种风险。幼儿园的任务实际上是促进和刺激孩子的运动、语言、社会能力、创造力以及各种能力的发展。但是这也就意味着，现在欧洲各地的孩子每天下午两点之后会被过度刺激。这些孩子回家之后，他们并不在状态，他们不再和自己有联结，处于身心分离的状态。如果家长相信他们必须继续进行这种刺激的话，那就大错特错了！

孩子在3~5岁的时候通常会找到他们的家长，用嗲嗲的语气说："我很无聊！"我的父母总是说："聪明的人永远不会无聊"或者他们会说一些大道理——我不知道现在的父母会说些什么。但是正确的答案是："恭喜你！我非常好奇你接下来的20分钟要干些什么。"因为这需要花一定的时间，在10分钟和20分钟之间，孩子们会从外部刺激转化为内部刺激，这就是创造力。孩子可以在幼儿园全天都用手指画画，而不是用有创意——二者并没有关联。创造力来自于内部，如果一个人不能进入自己的内心，情况就会变得很糟，而一个人要想进入自己的内心，那么他就必须一个人待着。因此，孩子必须一个人躺在婴儿床上，坐在地板上或者任何地方——主要目的是一个人待着不被他人打扰。但是，今天的父母在对孩子的关注这方面有很大的压力和偏差，于是孩子受到了越来越多的关注。当然这也意味着，父母对彼此的关注越来越少，由此形成了一个恶性循环。

很多学校也注意到了这一点，他们表示孩子们不能安静地坐着，也无法专心致志。你可以批评很多学校，我也经常批评它们，但事实是，现在有一些年龄段的孩子正在校内受到过度刺激，这些孩子完全没有能力进行这些交替的活动——现在我关注自己，之后我关注外界，再然后又回到我自己内心。

第九种智力

我和其他专家一起建立了一个名为"第九种智力"的协会，

第九种智力是有关生存的智力，简单来讲是关于生活能力的智力。那么，我们如何才能促进孩子的第九种智力呢？

第九种智力或者说存在智力，是心灵的智力，人们可以通过这种智力发现自己的内在本质，与之相遇并且再次相认。美国教育学家霍华德·加德纳最初将人的智力分为八种类型：语言智力、音乐智力、逻辑数学智力、空间智力（感知可见世界的能力）、身体运动智力（控制和协调身体的能力）、情绪智力（理解和控制自己冲动的能力）、人际关系智力（了解他人并善于沟通的能力）、自然智力（生动观察并对自然现象敏感的能力）。最近，他也提到了智力的第九种形式，即存在性智力。我们的协会也受到了霍华德·加德纳的启发。

例如，在一所特殊学校里，有一群特殊的儿童，他们患有多动症等多种病症。在一个月的时间内，他们每天学习两次如何正确呼吸，就像真正老式的瑜伽呼吸一样，每次10分钟。孩子们的眼睛睁得很大，他们说："现在我可以去学习数学了，因为我已经学会了如何呼吸。"通常孩子们上学时都呼吸得很用力，他们几乎透气过度。如果我们真正地想要保留幼儿园——我认为，这是我们想要的或者至少是政客想要的，那么我们就必须和幼儿园进行对话:"好吧,过去的幼儿园确实存在过度刺激,幼儿园可以继续这样做,但必须从经验中学习!"

在丹麦,有很多坐落于森林里的幼儿园,从这些幼儿园毕业的孩子今后在小学里的表现以及社交能力的平均水平都要好得多。因为,在森林里,孩子们有更多的活动空间,更少受到成年人的干扰,有更多陪伴彼此的时间。他们可以爬到没有在树下放 50 厘米厚橡胶保护垫的树上。2 岁的孩子可以互相咬着玩,因为没人能看到他们。也就是说,我们不会碰到晚上父母在电话里歇斯底里地说:"你的儿子咬了我的女儿!我不想再有这种事情发生!"森林里的生活可能会有伤痛,也可能会感到沮丧。

挫败感是学习中最重要的部分之一,我们必须牢记,孩子们就像研究者一样在学习,而不是像小学生一样学习。他们必须尝试一些事情,并且有些事情至少尝试 20 次,这也意味着他们会体验到不少于 20 次的挫败感。当孩子没有挫败感但是父母却有这种感受时,孩子就出现了一种问题,因为在这之后他就不会学习了。换句话说,父母必须学习,专业人员也一样:孩子什么时候有挫败感?什么时候不是 100% 的高兴?有时候,也许每年一次，我的孩子非常不高兴，他需要我，但是在其他九十九次根本不需要我的时候，我可以去喝咖啡，去陪伴我的伴侣或者做一些对我的生活有意义的事情，而不是总和孩子在一起。

从儿童的能力中学习

现在我们有了能干的孩子们，还需要在某些方面也能干的成年人。我在前面已经说过，在我们的世界里，学校教育和家庭养育之间存在着巨大的差异。不幸的是，这种差异却被忽视或人为地同化，许多孩子都为此付出了沉重的代价。孩子们每天必须承受六七个小时的教学法式的教育。他们的经历是这样的："教师们总是想从我这里得到些什么，我必须要一直都进步，必须一直都要做点不一样的事情，必须要有所不同，这简直无法忍受！但是，当我回到家的时候，终于可以得到一些安宁。"孩子说出这些话对教师来讲并没有什么不好的，这就是事实而已。家庭必须要有所不同，家庭教育的原动力是爱，是非理性的，不合逻辑的，它具有各种各样其他的特质，它比教学法要温暖得多。尽管教学法并不冷漠，但是和家庭教育相比它显得更冷漠。

关系能力[一]是指将孩子视为独立个体的能力，这非常重要，因为我们在教与学中的自我定位是不同的。事实上我们不应该关注孩子现在是什么样的，而更应该关注他未来可能成为的样子。例如，到学年结束时，孩子必须学到什么？并且对此需要调整行为吗？这与学校对儿童的传统要求正好相反："你必须观察自己的老师，他是怎样的，并让你的行为与之保持一致。"

强调关系能力并不是说让家长放弃管教。我们在这里并不是在讨论改革教学法、讨论民主学校或者建立不同类型的家庭和学校的可能性，这所有的一切都和关系能力无关。专制和放任是两种极端的养育方式，在这两者之间还有很多其他的教养方式，但没有一种是非常有效的，而关系能力与此不同，它本身就是一种技巧。

现在出现了最重要的事情：教育学的伦理，也就是对关系质量完全负责的能力和意愿。对此我有一个建议：今晚或者明

[一] 处理与他人关系的能力，这里指与孩子构建良好关系的能力，是作者教育思想的产物之一，他非常强调关系能力。——译者注

天早上请您尝试独自站在镜子面前（因为这样就没人会听到），看着自己的眼睛说："<u>从今天起，我将会对自己和孩子之间的关系承担起全部的责任。</u>"自从中世纪以来，成年人可能会跟孩子们玩非常狡猾的双重道德游戏。他们会说："如果我和我的孩子之间的关系非常好，那就是我的功劳；如果关系很差，那一定就是孩子的问题。在（过去的）家庭里是如此，在今天的许多家庭和学校里依然如此。

人们很难想象这种态度摧毁了多少孩子！因为孩子必须完全承担这种责任——我们知道当儿童承担过多的责任时会发生什么。例如，父母中的一位患有慢性病、精神病或者酗酒，那么孩子就会承担非常多的责任，他们就会变得像我们说的那样早熟。对孩子来说要做的事情太多了，但是发挥关键作用的不是这些孩子仅仅需要承担那些责任，而是他们以这种罪恶的形式去承担责任，这种方式使人每天都畸形生长。从这方面来说，大多数的成年人和孩子一起工作都是不负责任的。这种态度不管是在情感上、经济上还是任何其他方面都需要付出很大的代价。

耶斯佩尔·尤尔谈青少年夜晚离家时长

塔雷克（14岁）：

我应该如何说服我的父母让我晚上可以在外面待更久的时间呢？

耶斯佩尔·尤尔：

这是不可能的事情。我的意思是说，你不可能通过语言来说服你的父母，你自己决定在外面待很长的时间就行了。这通常都会成为一个家庭话题，父母之后会说一些类似于这样的话："不，这是不行的。你必须要这样或者那样才行。"这可能会持续数周、几个月，或许还会持续数年。但是父母很少注意到的是，孩子为了成为听话的孩子做了多大的妥协。这种配合付出了孩子巨大的精力，但是父母只是坐在那里等着他们，就好像这是理所当然的事情，但是这完全就不是理所应当的事。

耶斯佩尔·尤尔谈早教

父亲：

我有两个孩子，他们分别是 2 岁和 3 岁。在最初的几年里我们认为孩子只是自然成长就可以了，但是其他家长却认为，孩子需要早教——音乐、英语、预备学校或者学习其他的东西。您认为我们应该怎样理解早教呢？

耶斯佩尔·尤尔：

我还没有认真和那些认为孩子需要这种早教的专业人士讨论过或者阅读过他们的书籍。孩子其实需要的是尽可能多的游戏机会，如果这包括了掌握一门语言的话那就再好不过了。但是，这种早期的促进措施就像是从美国进口的麦当劳一样，它们都有着相同的质量和同样的目的，那就是标准化和赚钱。

人们当然可以对孩子进行早教。在德国也有那种幼儿园，在那里面人们每天都说中文。中文是未来的语言吗？是的。那么当我们的孩子学习中文，这对德国有好处吗？是的，绝对有好处！学习中文是否也能使我们的孩子感到快乐呢？是的，很有可能！但是，当早教成为一种强制行为，你必须这样做和那样做，或者当家长什么都不做的时候就被认定为坏家长——这件事就变质了！某些东西就出了问题。世界上确实存在这样的孩子，他们只会使用一种语言，也没有上过学，但是他们依然过着美好的生活。不幸的是，这种对幼儿早期促进（即早教）的理念来自于欧洲教育部长们发明的新保守主义方式。我总是想象，在八九十年前，他们（欧洲教育部长们）聚集在一起，在法国某个城堡里欢度周末，喝了很多白兰地之后才构思出这些（糟糕的）教育理念。因为从那时起，人们实际上就一直都在说同一件事，他们也都使用着同样的短语。所有的一切还来源于这种"PISA综合征"⊖："德国儿童必须表现得更好。"德国的孩子承受着难以想象的学业和成绩的压力，这使大多数学生都无法专心学习，然而人们完全无视了这一点。我认为，我们社会上越多地讨论教育，那么就应该有越多的家长坚持学

⊖ PISA 测试是经济合作与发展组织成员国的合作项目，也是目前世界上最有影响力的国际学生学习评价项目之一，测试对象为 15 岁的学生，每四年测试一次，测试内容为阅读、数学和自然科学。2000 年德国学生第一次参与 PISA，其成绩处于所有参与国家的中下游，使德国各界震惊。——译者注

习并说："没关系，孩子自己会以他们自己的速度学习。"然而政客说这一切都必须最多在四年内就学会——幸运的是，我们的孩子有八十年的时间。在这个问题上有很多不现实的东西，它们实际上并不是正确的。

我的孙子曾经来找我说："我想认识字母。""非常好，那我们开始学习吧。"两个月后，我问他："你还想学字母吗？"他回答："不想了。""为什么不想学了？你已经全部都掌握了吗？""没有，但是它们太无聊了。"当我听到他的回答我就明白，他不想学习的原因就是这么简单，这件事之后，我们两个都觉得很棒。但是，当我听了他的回答并对他说："那太可怕了！你可怜的父母没有时间教你，现在我来教你！来，现在我们坐在一起，我已经买了一些书，它们非常有意思……"如果我开始以这种方式刺激他，那么我就摧毁了他天生的学习欲望，然后他可能再也不会去上大学。所以，请不要采用这种方式！

在历史上，幼儿园可能已经忽略了孩子的这种学习能力，因为这种能力被视为游戏㊀的对立面。而且，在我看来，幼儿园可以引入这种智力支持。但是，如果这个项目必须要求所有人都一起参与，那就太过分了。对有些家长和孩子来说这确实非常困难，因为大多数的孩子都参与进去了。所以我想对家长和幼儿园里的教师说："需要关注的不是那80%总是参与进去的孩子，而是那剩下20%从没有参与进去的孩子们。"

㊀ 德国的幼儿园是禁止传授知识的，主要任务就是让孩子们做游戏。——译者注

Respekt, Vertrauen und Liebe
Was Kinder von uns brauchen

学校需要学生，而不是孩子

"请保持安静！"

用尊重传递尊重

用自主负责代替顺从

我们可以让孩子感到畏惧，但我们必须赢得孩子尊重

孩子永远不会比大人过得好

欺凌是学校领导力的问题

耶斯佩尔·尤尔谈家校对话中的尊严

耶斯佩尔·尤尔谈青少年和酒精

07

顺从使人生病

孩子的需要

我们和被交付给我们托管的孩子之间的关系和谐与否很大程度上决定了我们的家庭、幼儿园和学校教育是否成功。在这一章里，我特别想对学校进行阐释，因为学校的情况现在是这样的：从孩子6岁起，学校就在孩子和家长的生活中发挥着重要作用。

我很幸运这么多年都能够和一群有着完全不同专业背景的人士一起工作，我们这个团队有近30年的历史，团队成员包括儿童精神医生、成人精神医生、社会工作者、社会教育者、社会学家、学校心理咨询师以及教师。最初我们的工作从最重要的关系开始，即家庭内部关系。然后我们很快就发现，关系其实无处不在，并且都非常重要。我们经常应邀去幼儿园、学校和类似的机构去帮忙解决难题或者应对危机。例如，学校的女校长和受雇教师之间的关系经常会出现危机，学校里也会存在那种所谓的"无可救药"的班级。我们总是会遇到这个问题："我们如何才能更好地开展家校合作？"当然，每一个孩子都会由于不同的原因在学校遇到各种困难。

我本人最初对家庭治疗非常感兴趣，因为当时我在工作中发现，如果在帮助儿童或者青少年解决问题的时候不把家庭因素考虑进去，或者没有很好地、充分地考虑到，那肯定是行不通的。之后我们发现，现实中到处都有这种情况发生。我相信，我们的研究所，也就是肯普勒研究所，一直都为全世界（很有可能）的心理治疗师提供独一无二的培训，但没有任何的学术野心。这么多年来，我们的目标一直都是为家庭和其他教育领域的工作者传授我们的治疗经验，并告诉他们可以真正从中学到哪些内容，因为对优质教育、优质陪伴和优质咨询的需求远比对心理咨询的需求要大得多。显而易见我的工作在某种程度上来说是协调人。

我们问自己：我们都做了哪些事情？目前为止，我们已经陪伴了教师 20 年的时间，在整个学校内以小组的方式不断地发展教学法。虽然我们对课程和学科等东西一无所知，但我们关注的焦点是孩子的社会性发展和个体的发展。在过去 20 年中，这个话题极大地困扰着学校和教师——人们谈论着儿童不再具有社交能力。当时是这种状况，直到今天这种状况仍没有得到解决甚至变得更加严重了。我们针对这个话题向 200 名老师进行了调查："请问您对社交能力的理解是什么？"80% 的老师对此的回答是："纪律和顺从。"其他的老师回答："孩子应该有更好的表现。"此外，只有几个老师——或许三个——对这个问题有过一些思考："孩子们应该能够进行小组合作，应该可以这样和那样。"等等。

学校需要学生，而不是孩子

社交能力在当时突然变成了一个话题，学校不断地抱怨孩子的"供应商"——家长，即使在今天，他们也一直在抱怨家长。学校实际上想要的不是孩子，他们只想要学生。但是这个时代（只有学生的年代）已经一去不复返了，在今天已经不再可能了。所以，学校在应对这些变化的时候会遇到困难，从我的立场来看，我完全不希望把矛头指向教师，对教师进行批评，但是我对学校和学校文化要进行很多的批评,这其中包括那些奇怪的建筑和学校的氛围,还包括学校对正确和错误的评判。

我们在为教师的工作提供支持方面积累了丰富的经验,已经和丹麦教师协会密切合作了15年,以便为教师个体提供帮助,这些教师大多都是已经崩溃或者精疲力竭的人。近年来,有很多年轻人毕业后开始从事教师工作,在两三年之后他们只想离开这份工作,并表示:"我再也不想当教师了!"这是一个有趣的现象,它证实了我们研究过程中的很多发现。

为了促进我们都想要体验的以关系为导向的学校发展,我们要意识到老师和孩子们有着完全相同的需求——二者作为人类是平等的。为了取得成功,我们必须停止两极化,遵循以下原则:一方面为老师服务,另一方面为孩子服务。在学校里每天都会有很多孩子受伤,每天也会有很多老师受伤,这是不应该发生的,这个问题只与学校的内部关系有关,与规则和其他任何东西都无关。不管老师和孩子是多上或少上两到三个小时的德语课或体育课,都不会有任何区别,学校的教学结构也与此无关。所有这些东西或许对另一个层面来讲很重要,但是在关系层面上却发挥不了任何作用。

孩子的需要

在斯堪的纳维亚半岛,从 30 年前开始,父母的进步就比学校提前了 10~15 年。那里的父母会这样说——同时我也希望,德国的父母有一天也能够像他们那样说出:"够了!现在我们想拥有一所像样的学校,我们不想和学校一起合作了!"然后,老师就会对此产生抱怨:"现在的家长如此挑剔,这让我们很不舒服。我们国家难道不能通过一项法律来约束它吗?"

"请保持安静!"

我们已经研究过如何认识人。那么,我们现在对人的心理健康和社会健康了解多少?幼儿园的老师和教育工作者们说:"事实上我们一直都想要听话的孩子。"对于我们那一代人来说也是一样的,我想说的是,我们当时在学校必须听话。整个工业社会都需要听话和顺从的人,他们不需要提问,只需要每天早上七点半上班,下午四点半下班,不制造任何麻烦就可以了。当时培养这样的人就是我们学校的目标。然而现在已经不存在那样的社会了,生活在那样的社会中会使人生病。

这就意味着,这种教学法和家庭内部的教养方式在现在是完全失败的——它们就是一场灾难！它所发挥的唯一的作用就是：让孩子安静，不管是在学校，还是晚上在家的时候都保持一样。但是从健康的角度来看，这就是灾难。丹麦有500万人，其中50万人成了长期的酗酒者。我们成年人对毒品的消费量是青少年消费量的1000倍甚至5000倍。在这方面，青少年并不是问题，相反，成年人才是巨大的问题。在丹麦，有25%的成年人一次或者多次接触过精神病医生，我可以继续列出类似这样例子的清单。因此，我们可以非常清楚地看到，当时的教育方式在这方面是完全不成功的。

<u>顺从会使人生病</u>。一直到某个年龄，顺从的人都会非常的友好和简单，你可以支使他们做很多事情，可以操纵他们，甚至可以对顺从的人做任何事情。但是，大概到他们30岁或35岁的时候，他们就会生病。那么，现在就能肯定顺从是不好的，还是说或许在有的时候——即使在军队之外——也必须顺从？当人们可以顺从的时候实在是太好了。但是对人类来说，当他们可以自己做选择的时候也很棒：我想听谁的话？要在什么时候听话？那样才是最重要的，而这取决于关系。

用尊重传递尊重

作为成年人,我们不再具有隐藏在我们角色背后的权威——在父母身上仍然会有一些不同,但是对于教师和其他的教育者来说权威已经结束了,孩子们会仔细打量或评价教师。作为新手教师或者面对新的学生时,你可能会有3~4周的时间——这是一个测试期。如果你可以对孩子们保持完全的尊重和开放,并且时不时地树立自己的威信,那么效果就会非常棒。但是,如果你只是站在那儿对孩子说:"我希望可以得到你们的尊重,希望你们可以保持纪律,希望你们这样或者那样。"那么一个月以后,孩子们就不会再配合你了,也不应该再配合你了。也就是说,孩子需要另一种形式的权威,因为他们确实需要指引。作为成年人,你必须能够胜任这一项任务。

哥本哈根教育大学受挪威教育部的委托对教师的必备技能进行研究。挪威教育部希望改变教师的培训方式——至少他们是这样说的。哥本哈根教育大学对88个国际性研究中有关学习的主题开展了元研究[一]:它们之间存在哪些相似之处?我们对教

[一] 对88个国际性研究中有关学习的主题开展研究,即对研究的研究。——译者注

师将来必备的技能应该知道些什么？由此产生了四项能力：学术能力、教学能力、所谓的规则领导能力以及第一次提出的关系能力，这四项能力出现在了82项研究中。

但是没有人学习过关系能力。我本人在大学里接受过五年的教师培训，在5年里没有学习过任何关于关系能力的知识。我第一位心理学专业的教授在第一天看着我们40名学生时对我们说："是的，你们当中40%的人会成为很优秀的教师，其他的人就没那么好了。"他或多或少说得是对的。但与此同时他还说过，这取决于你是否生来就是这样。也就是说，我们不能指望大学里的教授，因为他们无法对我们所需要的教师技能（关系能力也在此列）提供任何帮助。

对于一名教师而言，重要的是：这个教师到底是什么样的人？这个教师的个人权威如何？这个教师的界限在哪儿？这个教师的价值观如何？等等（这关乎他们的关系能力）。对于大多数准教师而言，他们在家庭中完全不重视关系能力，成为教师后也不重视。因此，从不重视到重视就是一个范式转换的问题。

用自主负责代替顺从

现在我们不想要顺从,也就是不服从,但是还有什么其他的选择呢?这个选择就是:个人责任。当我还是个孩子的时候,在我们当时的文化里,人们通常都会讨论限制、权力、控制和设置边界——与制定规则相同,这就是那时候的教育和教学法。现在,我们处于一个崭新的阶段,在理想的情况下师生是"平等"的。也就是说,在现在这个阶段是一些完全不同的词语在发挥作用——比如说"联系"和"尊重"。有趣的是,当我和老师讨论这个主题,事后他们总是会问我:"这真是太棒了,同时也非常正确。但是我如何才能和27个孩子建立联系呢?"虽然这是一个很好的问题,但是从某种程度上来说,当有人真正问出这个问题时,这也是不幸的。因为和27个孩子建立联系其实是非常简单的事情,一点也不困难。每个孩子大约需要花费教师7分钟的时间,来建立初步的联系。在这之后,老师就拥有了一个粉丝俱乐部。想象一下,作为老师,你花费了多少时间用于处理冲突?要知道,冲突只会在缺少交流的时候出现。

因此,这不是有关资源、金钱或者时间的问题,而是关于技能和自我意志的问题。我想要什么？我应该如何跟别人建立联系？在此，我们进入到了核心问题，因为大多数教师和父母都不知道这一点，即使在和其他的成年人相处的过程中，他们也是如此。在与他人相处中，他们只会用不带感情（口号式的）的日常用语："哈喽，你好吗？"在丹麦，学校法律在1990年代初的时候发生了变化，突然出现了"每个班级的老师每年都必须和每个学生进行一次个人交谈"这种规定。重新修订该法律之后，我们的电话线一直都很忙。校长给我们打电话说："我们迫切需要课程和研讨会！""好吧，关于什么主题的？""交流！""您说的交流是什么意思？"然后他们慢慢地解释："我们的老师们感到恐慌，因为他们不知道怎么和孩子交流。"现在的我们当然可以笑着说："天呐，他们可都是老师！"但是我非常理解他们的情况，我学习了五年的教师专业，没有人教过我如何和孩子交流，也没有人教过我如何和家长交流。我认为，这暴露出了我们学校系统功能的缺陷。它没有培养人们需要的技能，也没有培养员工们需要的技能。

我们可以让孩子感到畏惧，但我们必须赢得孩子尊重

我经常和学校校长交流，甚至和一群校长交流，这时经常会有人站出来表示："耶斯佩尔，你听我说，在我们那个年代，孩子至少对我们老师还抱有最起码的尊重。"之后我总是会等待10秒钟，然后会有另一个人站起来说："不，不是那样的。当时的情况是我们非常害怕老师。"我们不应该混淆了尊重和畏惧二者的概念。如果一个人非常随意地看待这个研究，那么孩子就总是被当作客体㊀。这就是为什么他们在学校被称为学生，以他们的角色命名。但是这种方式不会再起作用了，因为，这种主客关系并不起作用。它们从来没有生效过，或者说它们只是在当时发挥过作用，因为总是伴随着暴力和威胁。暴力支持着这种形式的关系，但是现在是禁止暴力的。

不过我们的问题是，对于作为父母的我们来说，我们在这种哲学中以这种方式发展了我们的语言，因此，我们只有这种

㊀ 作者在这里想说明成人没有把孩子当作像自己一样的主体，而是把他们当成了客体。——译者注

主宾语言。在德国萨尔茨堡，我遇到过一位社会学教授，他写过一本关于"困难学生"的书，书中写了对付"困难学生"的49种方法。他对我说："我想你会喜欢这本书的。"我回答他说："我从一开始就不喜欢它！因为书里写了'困难学生'。""那应该是什么？""应该是'困难的教学关系'。"

当我们去到一所学校，那里的人说："是的，我们在关系中工作，关系非常非常重要。"然后我们进行了一项测试，问他们："当师生之间的一个重大冲突无法解决的时候，您会怎么办？""如果有必要的话，我们会把学生送到校长那里。""那么您就不是在关系中工作了。如果您在关系中工作，你们双方都会去找校长说：'我们没法解决问题，需要帮助。'而不是仅仅简单地说：'这个孩子太不像话了！'。对于'不像话的班级'也是一样的，这个班级其实在这个世界上并不存在，存在的只有'办不到'的老师。"

孩子永远不会比大人过得好

现在情况变得更加困难了。我们必须停止将学生和教师分

孩子的需要

别看待,也就是既不要只单独去看待当下老师的表现,也不要只单独看待学生的表现。

许多家长都有一种看法,认为学校应该是为了孩子而存在的,这种看法是不完全正确的。事实情况是,学校是为了我们的社会发展而存在的。它是我们拥有的最有效的政治工具之一,政治家们按照自己的意愿去塑造学校,学校不应该对孩子友好,而应该对社会友好。因此,这件事并不取决于孩子。然后家长就会抗议:"但是孩子们每天都在学校花费很多时间!"是的,确实是这样,但是家长不要因此就认为你们的孩子对教育部很重要!他们完全不重要。如果他们很重要的话,我们就不会突然到处都流传起新保守主义风。另外,老师们对教育部也不重要——这种情况真的太可怕了!

就我个人而言,我非常希望孩子们能变得好起来,非常希望我的孙子在学校里过得很好。但是我知道,在此之前需要满足其他的一些前提条件:首先,在学校里他的老师们必须感到舒适。学校必须建立一个专业的组织,即拥有一个专业性的领导者,他必须真正地知道在处理教学法问题的时候真正需要讨论的是什么。他不仅是一个官僚主义者,还要具有领导才能。

他必须能够领导一个非常复杂的、充满智慧的女教师组成的组合，并将她们凝聚在一起成为一个团体，等等。直到那时，当老师们每天早上真正快乐地去学校的时候，孩子们上学也会开始感觉良好。你可以远离这种对孩子友好的学校，因为我们更需要一个对教师友好的学校。在家庭内部也是如此，孩子永远不会比大人过得更好，你可以非常清楚地感受到这一点。

欺凌是学校领导力的问题

当人们不想讨论重要事情的时候，就会讨论一些不重要的事情——多年来政治家们一直都不想讨论学校。例如，他们讨论欺凌问题。上千名学生都遇到过欺凌，就好像它很重要一样！对于政客来说，他们把欺凌看成是在儿童群体中发生的一种现象，然后他们会说："这样是不行的，这完全是种暴力行为……现在我们必须真正地教育我们的孩子！"但是，欺凌实际上是一个系统性的问题——一个领导力问题！我们已经能够非常准确地确定这一点，因为我们在北欧已经对欺凌现象开展了15年的跟踪研究。欺凌程度最高的学校有素质最低的管理层，就是这么简单。如果仅仅将欺凌简化为儿童行为中的一种现象,那么虽然你不必再评价学校的优劣,但是你却会得到一个完全错误的答案!

领导能力还包括了看待多种不同关系的能力。以一位女教师的故事为例:

一个月前,我碰到了一位四年级新生,他从另一所学校转学到我们这里。我尝试着和他一起工作,但是并没有成功。现在我必须和他谈谈,我要说些什么呢?我对他说:"听着,卡雷尔,我已经认识你四个月了,我也试图和你建立合作关系……,"接着女教师说出了那句她几乎没法说出口的话:"但是我失败了。现在我非常想知道,我对你做错了什么?"如果卡雷尔已经是一个有经验的"困难"孩子,那么他会低下头说:"不知道。"接着女教师说:"好的,我看得出来你还不信任我。没关系的,我理解。我下周再来找你,那时候你来告诉我是怎么回事。"

我可以向你们保证,下周这个男孩会确切地知道他想要说什么,并且他每次都会把他想说的话非常准确地表达出来。但是对教师而言这太难了，他们宁愿自杀也不愿意坐在学生面前承认："我的工作没有成功。"取而代之的是，他们会对其他人说："我真的已经尽力了，这个孩子无可救药。而且您要知道他的父亲是一个酒鬼，他的父母离婚了……"他们不想要这样的学生！他们只想要那种规规矩矩的，表现得很好的按照德国工业生产标准制造出来的学生，他们只想要那种尽管其父母经历了所有不幸但还是同舟共济的家庭里的孩子，只想要就算需要酒精也只会喝上好的葡萄酒的孩子。抱歉，亲爱的教师们，如果是这样，那您就来错学校了。

学校中这种类型的学生其实非常少。在我们的学校里，我们需要真实的人，孩子需要能够和真实的人打交道。

耶斯佩尔·尤尔谈家校对话中的尊严

父亲：

您曾经说过："你们要记住，当家长来学校找老师时，老师会感到害怕。"我们有一个12岁的女儿，她在一所文理学校

孩子的需要

上六年级,写作方面的能力比较薄弱。她上一次写的文章基本上全部都被老师用红笔标注了。她写了两页半的纸,付出了不可思议的努力。实际上我很想去问老师,他是否想象得出当孩子看到被他批改后作业的样子,当孩子看到这些红色标记的时候会怎么想。但是当老师看到我和我妻子去找他的时候,他说:"噢,你们怎么来了?孩子在学校一切都很好啊。"我要如何告诉老师我并不认为一切都很好?老师怎么才能够帮助我的女儿呢?我们完成了家长要做的部分,但是我认为教师必须也要在教学上以某种方式提供有意义的帮助。当老师对我说'一切都很好'的时候,我该怎么回复他呢?

耶斯佩尔·尤尔:

我会试着对老师说:"不,事实并不是像您刚刚说的那样,所有的事情都很好。"然后我会接着说:"我们真诚地需要您的帮助,我想问问您我们是否可以得到帮助。"大多数老师都是很友好的人,他们会说:"是的,当然了。你们需要什么帮助?"之后您可以对老师说:"是这样的,我们的女儿现在很难过。她写的文章被批改得太多了……或许您可以对她说一些积极鼓励的话语,给她一点肯定,对此我们不胜感激。"之后,老师可能会为自己辩护或者解释他的行为，其实也是一种辩护。但是我相信这种冷静的且经过考验的方式非常有效，因为这位老师可以保持自己的尊严，而且他很有可能也会对自己说："事情根本就不是家长说的那样，我自己仔细读过那篇文章……"之类的话，但是他从下一次开始很有可能就会考虑到这个问题。通常这就是一个开始，并且当家长下一次去感谢老师的时候可以说："我已经读过了上次我女儿写的文章，您做了这些或那些事情，非常感谢！这就是我们真正需要的帮助。"将来还很有可能再遇到这样的事情，但是"我们期待一个专业的教育家出现……"——这种想法可以忽略了。

父亲：
非常感谢！我会去尝试一下。

耶斯佩尔·尤尔谈青少年和酒精

斯文（15岁）：
为什么我们这个年龄段的青少年都容易沉迷于酒精呢？

耶斯佩尔·尤尔：

我确实无法回答这个问题。每个人都有自己的故事。如果要我对这个现象给出一个普遍的答案，那么我不得不说，许多年轻人感到生活孤独、痛苦和恐惧。酒精以某种方式发挥着麻醉的作用，成年人也有这种感觉。我想就这个话题对家长说：如果一个孩子在 13~17 岁期间出现了非常严重的饮酒问题，那么一定是出了某些问题，并且这个问题出现在生命最初的 6~8 年。在这里我要再一次提及土耳其女士的故事。那位女士对我说："我已经尝试了所有的办法，包括酒精，尽管我自己作为穆斯林不被允许喝酒。但是我的父母并不知道我已经喝过了。我每次喝完酒都更容易决定做什么，也更清楚是什么让我不舒服。我想要时不时地喝一瓶啤酒或者一杯葡萄酒，但是喝半瓶伏特加之类的酒是不行的，我意识到这对我并不好。"这是一位年轻的女士，她表达了："我知道我是谁，我知道我想要什么，我还知道我不想要什么，我不想沉迷酒精。"不幸的是，很多孩子和年轻人并没有她那么强大，因为我们——家长、学校等等并没有学会如何在孩子们的头 10 年、12 年的时候教给他们如何自尊，或者说我们如何很好地支持他们培养出自尊，这些并没有发生。

今天,我们谈论的酒精问题看起来似乎是一种新现象,然而它根本就不是新现象。在丹麦,我们有近 60 万名年龄在 30~50 岁之间的长期酗酒者。所以,这个现象并不是"今天"的年轻人才有的问题,而一直都存在的话题。我 16 岁时是一名水手,每天都喝一公升杜松子酒。我有可能成为一名酗酒者,然而我没有。为什么?我不知道。当我在街上漫步,我看着年轻人的眼睛,我感到他们非常痛苦。我看到很多年轻人都怀着某种绝望的心情,长久以来他们身心疲惫,状态不佳。这是可悲的,但这也是事实。

Respekt, Vertrauen und Liebe
Was Kinder von uns brauchen

家庭作业属于学校

负责的领导

关系能力影响专业能力

罗恩和粉红色的笔

耶斯佩尔·尤尔谈孩子哭泣

耶斯佩尔·尤尔谈孩子对学校零热情

08

将困难的行为视为邀请

孩子的需要

处理关系这件事情对家长来说也非常困难。那些很喜欢来找我和我同事做咨询的家长们通常会说:"我们过去一年已经尝试了一切办法——一切!但是没有任何改变。"他们非常不情愿告诉孩子:"我已经尝试了所有方式,但是最终没有成功。"他们更愿意告诉孩子:"你就是不成体统""你永远都听不进去我的话"或者"你就像你的父亲一样"。

那么,到目前为止,我们对孩子有怎样的了解呢?在这里,我想谈论一下我的个人宗旨,对我来说它们也很有趣,因为它们和我作为教师或父亲所了解的知识完全相反。其中之一是:<u>孩子的反应总是有意义的</u>。当时我认为,孩子总是不理智的,并且经常神经质。现在我知道了,<u>孩子的反应是他们在生活中对最重要关系的有意义的反应</u>,并且在所有情况下他们都会这样，包括在学校里！对我们来说困难的是，能否在每个瞬间都发现或者破译孩子们的反应。

我曾经和一位经验丰富的英语学校的创建者皮特·朗交流过。我们俩都被邀请去制作DVD，因为丹麦教育大学的一位教授认为我们俩应该对彼此都感兴趣，也确实如此。之后我们就关于这个话题进行了讨论，我说："听着，皮特，实际上从教育的角度出发，我们迷失了。我们这一代人竭力阻止使用'症状'一词，因为它来自医学，我们对此很排斥。我们讨论过'信号'和一些其他概念的使用，但是当我们环顾四周的时候会看到什么？人们越来越关注症状。每个人都只对症状感兴趣，对症状以外的内容都不关心，所以我们其实并没有真正获得成功。或许我们可以找到另一个对教师们有意义的词？"之后皮特提出了一个我认为很棒的词："邀请"。当一个孩子表现不寻常的时候，其实是在说："现在我感到非常困难。我邀请你来，是想请你和我一起进行讨论。我的行为就是邀请。"任何成年人都会说："好的，我很高兴来和你一起讨论。我愿意和你一起坐下聊5~15分钟，谈谈你的状况。"因此，如果你遇到行为异常的孩子或者成年人的时候，请考虑一下这种做法。

孩子天生具有社交能力。自从亚当和夏娃被创造以来，所有的家长都能够确定这一点，现在的科学家们对此也深信不疑。孩子们可以负责任——这是全新的认识。"孩子可以对自己负责"这一行为，出现在很多不同的层面和不同的年龄，而且比我们以前所认为的要更多和更早。

但是我们的教养和教学法的大部分内容都只适用于十四五岁之前的孩子，我们替孩子承担个人责任并为他们打理好一切，等他们到了适龄就放手，并期望他们从那时起就可以马上自己完成一切。这当然是荒谬的，因为孩子们没有任何实践经验。

家庭作业属于学校

在这种情境下，有一个话题对学校和家长来说相当具有刺激性：家庭作业。家长对孩子的家庭作业负责已经成为学校文化的一部分，这实在是太傻了，家长几乎快要疯掉！为什么这不是老师和学生之间的事情呢？现在，来自各方面的研究结果表明，家庭作业是无效的。孩子们在完成家庭作业的时候学得越来越少且越来越差。从那时候起，我们就一直在讨论是否应该停止让孩子做家庭作业，这让学校和教师们感到了恐慌。因为我们现在知道了，家庭作业这件事有关纪律，而无关学习。

前段时间我受邀参加了一个会议讨论这一现象。我们通过对话的形式慢慢得出结论：家庭作业可能并没有那么重要。但是，有一位校长说出了隐藏在这个主题背后的全部真相："要是我们取消了家庭作业，那么我们应该如何确保家长对学校感兴趣呢？"这或许就是一开始设置家庭作业的全部目的，这就是为什么我们让家长对学生的家庭作业负责。因此，家庭作业也慢慢地有了意义，为什么是这样，它是如何发挥作用的，我不知道，或许那种说法并不是真的。但是，这件事情看起来却很有趣。

家长的责任对家庭作业极具破坏性，每晚都有成千上万的家庭会上演"家庭话剧"，这也成了大多数家长无法应对的挑战。家庭作业不仅与作业的内容有关，还和家长帮助孩子的方式有关。通常家长帮助孩子的方式不可能也完全起不到帮助孩子的效果，反而会产生很多冲突，孩子并不想要家长的意见。

我有一个建议：在孩子适当年纪的时候告诉他："听着，现在你的生活中正在产生一种新的任务——'家庭作业'。我很乐意在这件事上给你提供帮助。我可以从两方面帮助你：第一，可以时不时地给你提供专业指导，例如德语。而在数学方面我却无能为力，你不用来找我。第二，我还可以帮助你解决纪律方面的问题。你是一个非常健康的孩子，也就是说当你放学回到家的时候，你肯定更想玩游戏，实际上你也应该去玩游戏，但是现在你的学校规定不允许你这样做。只有成年人才可以在结束了一天的工作之后去玩耍，但是孩子却不可以，孩子需要继续工作。因此，这对你来说将会变得很困难，因为你想要去做你更喜欢的事情而忘记你实际上应该做的事情。当你需要我提醒你的时候，我很乐意为你服务：'嗨，现在已经四点半了，家庭作业……'我可以担任这两种角色，但是除此之外你需要对你自己的家庭作业负责。如果你的老师对你的作业不满意，他们需要和你交谈。当你对家庭作业不满意，你需要去和老师们交谈。"接下来才是最困难的部分——不管老师给家长打电话还是写信，家长都要对老师说："在我们家里，是孩子在对自己的作业负责，而不是我。所以你需要和我女儿去交谈，她才是负责人。"我知道这种做法在德国听起来完全像是疯了，但是在丹麦，我们在 25 年前的家庭咨询中就做到了这一点。对于丹麦学校来说，这类家长的存在是理所当然的事情，并且现在越来越多的家长正在变成这样，这并不意味着家长不负责任或者懒惰，而是说我们想让责任主体（孩子）去承担责任。

另一种变化也让老师们感到丢脸。如果老师对孩子说："你应该做这个和那个。"孩子并没有完成老师要求的事情，然后老师就会说："你必须去做这个，否则……"这种场景总是一次一次发生，接着教师们就放弃了，转而给可怜的家长们打电话求助："我需要帮助。我不能用专业的方式和您的儿子打交道，所以您能告诉他，让他去做我想要他去做的事情吗？"如果老师每这样做一次，他们每个月工资就会减去 20 欧元，他们很快就会停下来。想象一下，如果牙医也这样做，就会变成这样："我无法完成我的工作，我给你父母打个电话吧。"

负责的领导

现在我们对自己说出这句话很容易："是的，我是有责任感的人。"但是，正如之前说过的那样，我们缺乏这种展示新态度的语言。我如何才能表现出对他人负责任的态度？对此，我举过一个例子："我尝试过和你一起完成一堂课，但是失败了。"说出这句话非常困难。但是我们了解到，这种表达在所有——当我说"在所有"的时候，我的意思真的是在所有——我们多年来参加过的所谓的"不可能"或者"困难"的班级或者团体中，以及由我们培训教师的地方，都是成功的。当老师意识到这一点的时候就会知道："啊哈，我不必感到无助，我不必每天都感到茫然，我可以承担起这一责任并继续做下去，我可以找到训练自己的方法"。然后我们就会发现，在两三年的时间里发展得真的很差劲的关系会在两三天的时间里变得越来越好。因为承担起这一责任的成年人（教师）在上课的时候会具有完全不同的光芒，这会让孩子们平静下来，他们会说："这节课上终于有了一个负责任的领导者了，我们需要这样的人。"

孩子们其实知道这一点。我们在许多项调查中和孩子们进行交谈并询问他们："在学校怎么样？你对学校里发生的事情满意吗？"孩子们总是跟老师们说同样的话："太嘈杂了，我们学得太少了"之类的。但是，老师经常会犯这样的错误，他们会说："啊哈，我们达成了一致！那么我们现在一起去和你的家长达成一个协议吧：'我们现在有着这样和那样的不满意，我们非常想要做出这样和那样的改变。'"接着可怜的教师就期待着孩子去实现目标，但教师在这场关系中却不做任何的改变。可想而知，孩子并不能做到这些改变，即使在家里也是如此。这就是为什么惩罚以及我们所采取的其他方式没有起到真正作用的原因。如今，这已经不再被称为惩罚，而是一种后果。它仅仅在短时间内发挥作用，所以我们必须要有所改变。

关系能力影响专业能力

现在，我们来谈谈我的一位心理学家同事提出的一个重要术语："专业化个人发展"。我们每个人都有自己的个性品质和行为方式，有些个性品质实际上会破坏我们的关系，不管是面对陌生人还是我们百分之两百亲近的人——我们的孩子和伴侣都是如此。如果你是教师或者治疗师，事实上你必须和自己打交道，必须关注自己的个人发展，因为只有这样你才能更好地实现自己的职业目标。这并不是说每个老师都必须接受 50 个小时的个性化治疗，而只是说应该存在另一种文化，在这种文化中，教师会认真对待学生的反馈，好似现在我们来到专业的工作场所，在后台里有支持系统，如信任、监督、培训，等等。

大约在三四年前，我们在丹麦电视上看到了一个很棒的例子。一位刚接受过培训的年轻女教师接管了一个二年级的班级，她同时也得到了学生两年的陪伴。所有人都认为她是一个很棒的女性——她很聪明，非常喜欢孩子，非常专业，非常有才干，完全就是一个很优秀的人。人们几乎从她身上找不出什么缺点，也不能说出："在这一点上她不行"这种话，但是就在一年内，她和学生的合作却完全无法展开了。

这位可怜的女士不知道如何是好。她去找她的领导，但是领导只对她说："是的，总是有这样的班级存在。"领导没有给她提供任何支持和帮助。她和同事交流，也没有得到任何反馈，仅仅有一些人说："是的，今天的家长已经靠不住了。他们把这些孩子交给我们，孩子站在中心，希望成为所有人关注的焦点，这都是家长的责任。"可怜的女老师在一年后知道了两件事，第一件是："我感觉非常糟糕，我再也不想当老师了。"第二件是："这件事完全就是孩子和家长的责任。"这太可怕了，因为这位女老师拥有一切，唯独没有处理关系的能力。

我所说的关系能力是指专业人士的能力，在面对自己的前提条件下去"看见"他人并调整自己的行为，同时不放弃领导的能力，这就是我所说的教育技巧。此外，还有教育道德，即作为专业人士对关系质量负全部责任的能力和意愿。专业人士的调节能力和关系能力的总和决定了他的专业能力。

罗恩和粉红色的笔

关系能力并不是治疗性的，我们不需要变成一个小小的心理学家或者其他什么人。我想用另一个例子来说明："我当时在幼儿园进行一个研究项目，我不需要做什么，只需要在一个蓝色小房间里观察一周，看看那里发生了什么事。我是在星期一早上到达那里的，当时只有一个女孩，快四岁了，她从祖母那里收到了一本特别大的用于涂色的册子。这个小女孩非常专注，希望所有涂色都必须非常精确。她问了我一些建议，因为给肤色涂色并不容易。她拿着一种鲜艳的粉红色，问我："你觉得这种颜色可以当作肤色吗？"我表示有些怀疑，但是她说："没关系，我喜欢它！"然后她用了这种颜色，在她画册的前十页实际上都是这种鲜艳的粉红色。之后来了一个快五岁的男孩，我还不认识他，也从未见过他。他看起来很不舒服。他进来之后，女孩问他："你好，你没事吧？""嗯。"他回答并坐下了，接着这个小女孩立刻就知道那个男孩需要妈妈，她问他："你也想要涂色吗？""不。"男孩回答道，但是女孩很清楚地知道："男孩并不知道什么是对他有好处的。"于是她给了男孩纸和水彩笔，男孩坐在那里，拿起这些笔，在纸上打孔。女孩一直保持镇定，然后男孩注意到了女孩对这种鲜艳的粉红色的喜爱——有两支这种颜色的笔。男孩把这两支笔放进自己的裤子口袋。女孩终于有了反应，发出了警笛般的嚎叫。然后一位女老师走进来，问了一个常见的像联邦调查局的问题："发生了什么事？"女孩说："他偷拿涂色笔"。然后这个可怜的老师对男孩说："听着，罗恩，你知道在幼儿园里不允许这样做。如果我们想要别人喜欢或正在用的东西，我们要先询问对方，如果被拒绝了，我们必须要等待。"这种解决方式当然完全是因为无能为力。然后她说："请你把笔交出来。""不"男孩说到，"我不想。""但是你必须交出来，现在你在幼儿园。为什么你不愿意归还笔呢？""她很愚蠢。"他回答。"不，不,不,在幼儿园里我们不能这样和对方讲话,这很不友好。没有人是愚蠢的,不允许再这样说了。"然后,她扬起声音说:"请把笔交还出来。"男孩回答:"不。"她问:"为什么不?"男孩回答:"你很愚蠢!"接着这位教师说:"罗恩,现在我完全不知道我应该说些什么。现在的罗恩不是我认识的罗恩!我认识的罗恩非常友好,而现在这个罗恩,我不希望在幼儿园里看到他。"接着她就用命令的语气说:"把笔交出来!"然后男孩放弃了,他把笔扔在女孩身上,跑出去了。

不幸的是,类似的事情经常发生。因为很多教育工作者对教育工作的理解就是:我们制定规则。但是我不得不小声地说:对此你不需要接受三年的培训,每个人都可以制定规则。当规则不起作用的时候,你会质疑孩子,而不是规则。然后,你只需要像牧师一样喋喋不休地重复规则。最初的时候你尝试变得和善,表面看起来你对孩子很友好,带着些许虚假的微笑和柔和的声音,并且还有些友善和礼貌。但是,如果这样不起作用,那么情况就会变得更加糟糕!然后你只会换汤不换药,使用完全相同的无效措施,只是换了另一种音调罢了。

现在我来解释一下,当时我并不了解整个故事。这个罗恩

孩子的需要

平日里是一个很乖的孩子，所有人都很喜欢他。他独自和母亲住在一起，每天都很高兴地去上幼儿园，也很喜欢玩耍。他和其他孩子一起玩，也不希望独占鳌头，也不太喜欢一个人玩耍。当他的母亲来幼儿园接他的时候，他也很开心地和她一起回家。对于老师们来说，罗恩就是一个梦想中的孩子，因为他从不让人操心！现在他突然变成这样，我不知道发生了什么。当我第二天早上再次回到这所幼儿园的时候，我和幼儿园管理员站在走廊上，罗恩和他的母亲一起走了过来，母亲看到我说："不知道您也在这里。"我回答道："您这句话是什么意思？"她回答："今天我正好就需要像您这样的人！"然后她就哭了起来。我们和管理员一起去了办公室，母亲解释道："昨天早上在家里的时候情况是这样的：我和罗恩不知道怎么回事发生了冲突，并不是很严重，但是我也不知道应该怎么解决。当时我真的感到非常烦躁，我就打了我可怜的罗恩，不仅一下，而是五下。我很抱歉！但是我不知道该怎么办，也许我永远伤害了我的孩子。"因此，我和这对母子一起交谈之后，一切都清楚了。

现在我们可以说：从心理学层面上来看，我们知道了为什么罗恩会变成那个样子，但是那个可怜的老师并不知道这一点。她不知道在罗恩身上发生了什么。如果她了解背后的故事，完全可以说："罗恩，我知道，你度过了很糟糕的一天，但是这没关系，我会从仓库里去取一些同样颜色的笔……"但是当时这位老师说了什么或者做了什么？她仅仅只听从了自己的判断，就像这样做了，第一："现在我根本不知道怎么办。"这已经很茫然了。第二："我不认识眼前这个罗恩。"对于一个专业的教育工作者来说，她是否有兴趣去认识这个罗恩就成了一个问题。那位老师的潜台词是："不，我想要那个旧的罗恩回来，我不想要现在这个罗恩。"想象一下那传达了一种什么样的信息：孩子正处于危机之中，他和母亲之间爱的关系第一次遇到了问题。他尝试着保持忠诚，所以他不愿意去幼儿园并表示："你们必须和我妈妈一起来帮助我！"然而他最终还是来到了幼儿园，尽了他最大的努力，也承受了痛苦。这时一个成年人对他说："我们不想要你这样的孩子。"这对罗恩来讲是毁灭性的一个信息。当然这个男孩是来自一个有着非常负责任和非常棒的母亲的家庭，并没有发生特别严重的事情。但是我们可以想象一下，同一个孩子在完全不同的社会背景下，在完全不一样的家庭中的情景，这些使我们意识到，从

孩子的需要

那天开始幼儿园里又多了一个成年人的牺牲品，然后这件事情会继续发展下去，这个男孩制造了麻烦，接着很快就进入了小学，在小学里根本没有那么多自由的空间。在幼儿园里尚有自由空间，他可以跑出去，可以坐在角落里，可以去厕所，他可以做尽一切他能做的事情来逃避有成年人的空间，但是在小学里根本就不可能，他必须一直都在那里。而学校知道些什么呢？学校什么都不知道，只知道罗恩是个非常"难"的孩子。

因此，这不仅关乎关系能力，而且还在于好奇心和兴趣："我还不认识眼前的这个罗恩，我很感兴趣，到底发生了什么，罗恩？"但是这位教师只知道规则是最重要的东西。人必须学会服从，这对孩子来讲是一种社会能力。但这种过时的角色扮演已经不再有效了！像这位老师一样工作的教育者们都没有未来，而且他们也不应该有未来，因为在 30 个孩子面前他们完全就是无能的，他们能做的就是引入规则。当她这样做的时候，她就开始扮演起了女警察的角色，但是我们在学校外面已经有女警察了。这位老师完全不知道，她忽略了一个孩子，因为她或许从来都没有掌握过必要的专业知识。

耶斯佩尔·尤尔谈孩子哭泣

父亲：

当一个四岁的女孩通过哭的方式来获得自己想要的东西时，应该怎么做？没有一句话，没有一个词语，只有哭泣。请问您有什么对策吗？隐藏在她哭泣背后的"企图"是什么？

耶斯佩尔·尤尔：

一个 4 岁的孩子？儿童的大脑从 7 岁开始才有能力制定策略。这也就是说：4 岁的孩子并没有策略，也没有别的意图。如果每当和您有冲突或者和您沟通时总是哭泣的那个人是您的妻子，您会有什么建议？

父亲：
那我会先让她哭……

耶斯佩尔·尤尔：
是的。

父亲：

……然后我会问她哭泣的原因。

耶斯佩尔·尤尔：

您必须为我描述一下您女儿的哭声。您已经认识她4年了。她的哭泣有改变吗？听起来像是在演戏吗？

父亲：

是的，她确实是在演戏。我不知道应该拿她怎么办，而且这就是我刚刚跟您提到的她的"策略"。

耶斯佩尔·尤尔：

那么我不得不问您一个问题：如果那是一种策略，它是一种成功的策略吗？

父亲：

事情是这样的：美好的一天快结束时，孩子就像大多数孩子一样对抗着夜晚的疲倦。然后，不知道因为什么事情她就开始哭了，可能真的是一件很小的事情。接着我们就会震惊于孩子竟然能够聚集如此多的精力哭上半个小时。

耶斯佩尔·尤尔：

当您离开的时候，您的女儿会怎么做？

父亲：

那样她就会哭得更加大声。

耶斯佩尔·尤尔：

那么如果您待在原地呢？

父亲：

哭泣会停止，但是她会非常生气和愤慨。

耶斯佩尔·尤尔：

她有没有对您说过一些心里话？我认为您应该多尝试和她交谈。

父亲：

有一次，一个小朋友来找我女儿玩，玩了一整个下午。当小朋友的妈妈来接她回家时，我女儿不希望朋友回家，她就开始哭泣。

耶斯佩尔·尤尔：

好的,也就是说,您的女儿对挫折的忍受度很低。

父亲：

算是吧,现在她有了一个六个月大的弟弟。在过去三年半的时间里她是唯一的孩子,她没有受到过什么挫折,因为过去她一直都处于全家的中心地位,但是现在她不再是全家的中心了。

耶斯佩尔·尤尔：

但是,她的这种哭泣是以前出现的还是在她弟弟出生之后才有的?

父亲：

是在以前就有的。

耶斯佩尔·尤尔：

是在以前出现的,但不是特别频繁?

父亲：

是的，没错。

耶斯佩尔·尤尔：

我之所以这样问，是因为在家庭内部，一个特定行为的出现只有在所有人都配合的情况下才会发生。她在弟弟未出生时就是这个样子，因此，我一直在寻找你们作为家长的想法，例如："我们从一开始就是这样做的""或许是她太想引起大家的关注了"或者"我们实际上不想发生冲突，如果冲突解决了对我们来说会更好"之类的意向。为什么？因为我相信对于每个人来说，对您的女儿也是如此——这种哭泣必须结束。因为它并不会发挥作用，甚至对所有人来讲都具有破坏性。为了实现这个目标，家长需要对自己的行为有所反思。

我现在要说一下我自己的想法，它或许不适用于你们的情况，但这也是一个可能的途径。您可以和孩子一起坐下，当她情绪平稳的时候，对她说："听着，你持续地哭泣让我们所有人都感到很不舒服。实际上我们不想让你继续哭下去了，但是我们思考了你哭泣的原因。我们认为，在你生命最初的几年里，你可以得到一切你想要的东西，不仅仅是得到一切，而且还是在对你来说合适的时间里得到这一切。也就是说，我们满足了你所有的愿望，甚至是所有的需求。因此，我们非常了解，如果你想要得到某些东西，我们拒绝了你，你就不知道该怎么处理了。或者说，当生活对你说"不"的时候，例如当你希望你的好朋友能够陪你一起玩更长的时间，或者你不被允许熬夜到11点之类的事情，你就会开始哭泣和叫喊。很抱歉，我们应该对此负责。不过，如果你可以停止哭泣的话，那么会给我们所有人都带来巨大的帮助。我知道，这样会给一个4岁的孩子留下深刻的印象。她已经4岁了，而且很坚强，也就是说她不会突然说："明白了，我很愿意！"但是她会考虑你的建议，而且这种情况会逐渐变得越来越少。

我遇到过很多"小公主""小王子"，他们总是处于中心地位，能够得到他们想要的一切。当这些孩子大概在两岁半或者3岁的时候，他们的行为是让人无法想象的，人们没办法和他们相处，其他的孩子也无法与他们交往。唯一真正有帮助的是他们的家长承担起了这一责任,家长表示:"我们犯了一个错误。我们之前认为这样做是好的,但是现在证明这就是一个错误。现在我们不能再像以前那样对你了,但是这并不意味着我们期望你从今天开始就完全停止哭泣。我们在将来也可能会重复几次以前的行为。"你应该以一种令人安心但是严肃的语气说:"就是这样,我们现在处于一段并不融洽的关系之中。它不会对任何人有好处,我们已经下定决心了,并且我们需要你的帮助来停止这种关系。"之后就不用再说别的了,不用协商,不用说"现在我们又是朋友了"之类的话。之后,您经常会发现,在一两个月的时间里女儿哭泣的行为会减少。您的女儿可能出现这种情况,您必须要给她提前做准备。例如,下一次当她的好朋友来的时候,您对女儿说:"跟我来厨房两分钟。"然后问她:"你有没有想象过,在一个小时内她的母亲会来接她回家,并且或许你会对此感到难过?""是的。"女儿回答。"好的,那你到时候自己努力尝试不要太难过,因为我们并不能做些什么。"然后她就可以出去玩了。我现在不想让您复制我刚说的那些话,我只是在尝试传递一种我知道会给孩子留下深刻印象的语气。因为一个4岁的孩子自己知道:"事实并非如此。我从爸爸的脸上可以看出来,我从妈妈的身上也能观察出来,但是我什么都无法改变。我需要有新的变化。"这样对您来说有帮助吗?

父亲:
是的。

耶斯佩尔·尤尔谈孩子对学校零热情

母亲:

当我 14 岁处于青春期的孩子上物理课的时候,他的老师说:"到讲台上来,要么现在来,要么就永远别来。"我的儿子坚持坐在自己的座位上说:"好吧,那就不来了。"我该如何激励他呢?除了在晚上和他一起讨论:"去吧,下一次你上台去回答问题"之外,我要如何从家庭的角度处理这个问题呢?我的儿子坐在教室里,看着老师,然后告诉我们:"老师的衬衫下有汗渍,但是他却没有。"这就是我儿子的想法。对此我应该做什么呢?

耶斯佩尔·尤尔：

在不认识您儿子的情况下，我会说他可能失去了梦想或者说他从来都没有过梦想。这里关系到"我为了谁学习"这个话题。我认为，弄清楚他是在拒绝老师还是在拒绝这个科目，或者是在拒绝他自己，这一点非常重要。如果他现在在这里的话，我会问他这个问题。

14岁的孩子可以很聪明，有能力，坐下玩观察者的游戏是一种很好的消遣方式。但是，在这个"观察者游戏"学科里或许并不会得不到文凭。那么，老师想要什么？家长想要什么？他自己想要什么？我认为，在德国存在着非常巨大的教育压力，我想在这里重申一下，教育和学习是两件完全不同的事。在有些学校，学习是不可能的，可以这么说，学生只需要接受教育即可。那么这就很清楚了，14岁的孩子坐在教室里问："这样有意义吗？"我想和您的儿子谈一谈，如果我知道他的想法，那么我也可以更好地帮助您，告诉您应该如何更好地为儿子提供支持——无论他是什么样子，而不只是幻想他应该是什么样子。这就是对话再一次发挥作用的时候。

孩子的需要

在这么短的时间里确定原则是很难的事情，但是我对孩子厌学这件事确实有一个原则：当孩子在学校出现问题的时候，就不要和孩子讨论学校了。真的，因为那可能是别的事情引发的。也许您的情况是您的儿子在学校里没有看到任何希望，很多事情对他来讲没有意义。然后，作为家长您可以做出重要贡献，不是通过和他谈论他在24岁才有意义的事情，而是和他讨论当前对他而言重要的事情。也许他会来找您说："我真的很想学习，但是我不知道应该怎么学习。"一位18岁的女孩曾经对我说，她的生活全部都和学习有关，她的母亲是个笨蛋，每天都要对女儿说10次："你真笨，你把所有事情都搞砸了。"所以，这个年轻的女孩自然很快就没有了自信心。但是她现在自己指出了这个问题。

学校的问题不仅仅是学校的问题，而是各种各样的问题。我知道一件事，当14岁的孩子在学校生活中不成功或者有问题的时候，非常需要家长。他们并不是需要像学校老师一样的家长，而是需要对他们真正感兴趣的家长。今天，很多青少年都能从互联网之类的媒介上了解很多知识，但是有时候他们也需要成年人问他们："对此你是怎么想的呢？你会怎么做？"开启坦诚的对话非常重要:"啊,物理学和你,你们此刻还不是很完美的伙伴,这是怎么回事?你知道吗?"然后作为母亲或者父亲必须从这个计划中解放出来,对自己说:"我不一定非要强迫我的儿子接受某种专业或者某个学校的教育,但是我真的很想和他建立一种良好的、认真的关系——如果做不到的话,也可以是有问题的关系!"然后,<u>学习成为次要的事情,越少谈论学习,解决问题的速度就会越快</u>。

Respekt, Vertrauen und Liebe
Was Kinder von uns brauchen

"老师对我们的尊重在哪里?"

融合、合作和信任

耶斯佩尔·尤尔谈孩子在幼儿园和学校中的一贯性

耶斯佩尔·尤尔谈青少年沉默

09

尊重意味着保持个体的边界

孩子的需要

孩子的需要

成年人和儿童之间共同拥有的恰恰是这种在独立自主性与互相合作之间存在的基本冲突。虽然我这样给它定义，但不意味着所有人都一定要这样称呼它，它有很多种术语。社会学家谈论个体与群体或者说与社会之间的冲突，心理学家谈论个性化和适应性，我们也谈论个性和顺从性——所有的东西都可能存在成对的术语。事实上，这种冲突和人类本身一样古老，并且将持续下去。还有一个事实是，这种冲突不仅针对全职家长、孩子，也适用于从事任何工作中的父母，还有教师和治疗师。我们无法解决这种冲突，它在我们生活中普遍存在且无法避免。有一种新的认识是——至少在教育界是相当新的——孩子们天生就特别喜欢合作，他们想要取悦大人，他们想要家长感到快乐，就是这么简单。我们以前并没有意识到这一点。

事实上,教育通常是基于我们家长共同的想法之上的。我的父母说过:"对小孩子来说,所有事情从一开始就必须有规律。定时睡觉、玩耍、喂食,等等。这种规律性是必须遵循的,否则孩子会接管家庭的权力,而我们不希望这样。"在教育中,这种情况经常发生。<u>我们通常都不信任孩子,我们不相信他们愿意和我们合作。</u>

"老师对我们的尊重在哪里?"

让我们看一下我的朋友彼得·朗以及他在瑞典学校的经历。当我们以顾问的身份来到学校时,老师总是试图以一种想让我们立刻逃跑的方式行事。他们总是会问出最棘手的问题,然后说:"就是这样,你们对此会怎么做呢?嗯?"彼得·朗第一次来到这所学校,当时的情况是有四个大约十三四岁的孩子,他们从六个月前就经常不来学校上课,并且当他们来学校的时候,在课堂上也很少做与课堂相关的事。"我们应该怎么办?"老师们问。之后他们花费了一个小时讨论这些孩子,彼得低声地说:"我已经听了这些孩子的故事整整一个小时了,我的问题是：为什么这些孩子仍然要上学？我可以问问这些孩子吗？"老师回答："是的，您当然可以去问他们。"然后彼得就找到孩子们问："我和老师们刚刚讨论过你们。我有一个问题：为什么你们还要来学校上学呢？"孩子们看着他回答："你是蠢蛋吗？我们想学点东西！"然后彼得说："好的。那么我很想知道为什么你们经常不来学校。"这些孩子回答他："因为我们的老师并不尊重我们。""好吧，我知道了。"彼得回答道，他也无话可说了，因为他已经听老师们讨论了一个小时这些孩子，也确实没有对这些孩子显示出尊重的意味。接着他补充道："好的，那么我们明天再见，我们一起去和你们的老师谈谈。"不幸的是，他在思想上有一些民主，因此他对孩子们说："你们去告诉你们的老师刚刚对我说过的话。"但是孩子们有着丰富的经验，很快就回答他："不，不，不……您去告诉他们！"不过最终彼得还是赢了，孩子们自己去告诉了老师。然而在不到一秒钟的时间，有五位老师齐声喊道："那么你们对我们的尊重呢？我可以问一下吗？"这正是人们在这种学校文化中产生的期望。教师们自身通常都是理性的，但是这种学校文化却透露出："这应该是我的责任吗？这完全就不行！"

之后彼得就时不时地在这所学校里工作，四个月的时间过去了，学校的老师才知道孩子们所谓的缺乏尊重是什么意思。当他们明白这一点的时候，他们不得不承认："实际上孩子们是对的。但是这也确实意味着，我们的整体视角，我们的全部教育哲学都必须要改变！"对此我只想说：是的，请务必要改变！如果可以，请马上改变。因为您必须自己去赢得尊重，而并不能单纯靠期望来获得尊重。如果您在孩子面前没有表现出尊重，那么您就无法期望得到孩子们的尊重，就是这么简单。让孩子建立起恐惧感，现在教师们非常希望家长来完成这项工作："请让您的孩子在前六年感到恐惧——那么对我们来说一切就都会变得很容易了。"当然，他们的讨论不会像我刚才呈现的那么粗糙，他们接受过培训，但是内容确实和我说的一致。

融合、合作和信任

在家庭中，父母有着相同的兴趣，双方也都有自己的性格、局限性和各自的需求。孩子从学龄开始，就要从家里习得自己的世界观。当我们想要在家庭、幼儿园、学校或者工作地点有一个良好的氛围或者良好的文化时,那么首先要做的就是:我们必须确保这里的每一个人都不受到伤害,能够尊重每一个人的边界,尽可能地为这些个性边界创造更多的空间。

所有人都希望合作,我们已经知道这一点,谁还不知道的话,可以在夏末的时候看电视,因为我们每年都会看到孩子第一天上学的时候表现出来的相同的图像——他们每个人都非常高兴,每个人都非常幸福,他们会说:"太好了,现在我终于可以上学了"之类的话。但是两年之后,他们眼中的光熄灭了。这确实不是家长的责任,不是吗?

然后这种魔术开始发挥作用:作为成年人,我必须要准备好和孩子一起学习,因为我们不会在大学里学到这些。您虽然可以阅读一些相关的资料,做一些练习,但是只有和孩子一起的时候才能算是真正的学习。也就是说,当我真的想表达"可以"和"不可以"的时候,我必须要学习如何将"可以"和"不可以"说出口。我如何才能对孩子说:"现在我想要安静",并且不仅如此,还要学习如何倾听孩子。这当然不取决于孩子,而是取决于我们自己。我的魅力如何?我是作为一个有吸引力的人站在那里的吗？如果我用一种过分甜美的语气说："亲爱的孩子们，现在请你们保持安静，今天我们必须要做一些事情。"孩子们只会向我伸出舌头。当我们作为顾问和这些老师交谈的时候，我们问："你们为什么用这种疯狂的口吻和孩子们交流？"他们回答："是的，难道我们不应该客气吗？我们不应该友善吗？""那么到目前为止，这样做对你们有帮助吗？""没有，不过……"

事实是：如果您作为一个人在面对孩子和保护个人边界与个体需求之间存在困难，那么您一定和其他成年人之间——您的伴侣、朋友等也会遇到同样的问题。我从未见过一个只和孩子之间才存在这些问题的人。不，那不是真的。实际上我遇见过一些人，他们一直以来都非常喜欢小孩，具有浪漫主义，但让他们说出"我爱所有孩子"，那也一定非常困难。

孩子非常愿意合作这件事并没有问题。同样，这也适用于成年人。老师也非常愿意和孩子及家长等合作，这是毫无疑问的。但是，唯一的问题是：他们是否知道如何在不伤害他人或者不忽视另一个人的情况下做到这一点？就像罗恩的情况一样。

孩子的需要

耶斯佩尔·尤尔谈孩子在幼儿园和学校中的一贯性

女教师:

我是一名教师,经常和行为异常的孩子打交道。为了实现改变他们行为的目的,我也经常采用"一贯性"㊀的方式。但是在听完您的演讲之后,我对"一贯性"这个理念产生了一些疑惑。是否还存在一些替代性的选择呢?

耶斯佩尔·尤尔:

存在很多的选择,但是它们与您的整个思维系统有关,就像一贯性思维一样。在我的《从服从到责任》这本书里,讨论了这样的孩子,书中提到:您必须从一开始就改变观点,因为一点一滴地去改变某件事是行不通的,必须从一开始就这样(从理念上做出根本性的改变)。

简而言之:我认为这些儿童和青少年最需要的是发出声音。也就是说,例如一位社会工作者和一个青少年一起散步,

㊀ 作者在这里指带着惯性思维去看待孩子的行为和做出回应。——译者注

他说:"听着,很多人都试图帮助你。你自己肯定也尝试过改变。现在轮到我了,我必须非常认真地告诉你我不知道你需要些什么。因此,我需要从你那里了解两件事,即你想要什么和你需要什么。我还想知道你以前有没有遇到过像我这样的专业人员,如果从他们那里你真正觉得'我获得了一些真正的好处,那对我的帮助非常大。'如果有这样的情况,我很想听你说一说,因为我也许可以从中学到一些东西。"不幸的是,对于这个主题我只了解一些上奥地利州的数据,数据显示:我们对青少年帮助的成功率约20%,对您而言,这远远不够。我们现在需要一个全新的范式,因为在一贯性思维的影响下,我们会认为青少年知道怎么做是更好的,但其实他们并不知道。青少年的行为有时候是盲目的,受到很多因素的影响,就像您和我对我们行为一样。

女教师:
关于学龄儿童的一贯性,您有什么建议吗?

耶斯佩尔·尤尔:
如果任何地方都存在这种一贯性教学法的话,我会说,请带着这种方法离开吧！一次性全部都带走！因为这样没有任何意义。或者您直接告诉孩子们真相，"我们根本不相信你们。如果我们不在你们旁边守着，并且一直都保持着一贯性的话，就会出现这样的后果：你们就会做一切能够做但是不应该做的事情。"这就是一场权利游戏，孩子们总是处于优势地位，因为他们可以不必遵守法律，但是我们必须遵守法律。

在20世纪60年代初，丹麦心理学家写了三本以一贯性教学作为方法论的书籍。如果您在今天遇到他，他会哭着说："我绝对不应该那样写，因为那确实是一个错误！"他已经非常严肃地确保了那些书籍不会再继续出版。那些书没什么用！这些孩子需要的和其他孩子需要的是完全一样的东西，只是他们需要6~8倍的量。也就是说，他们需要被看到，被认真对待以及被感知。如果成年人没有这样做的话，很可能会给成年人也带去影响。我的意思是：这不仅仅是一种修复，我们需要重建。对于从事该行业的可怜的人来说，他们会这样工作直到死去，因为采用这种一贯性方法并不会使工作更轻松。

耶斯佩尔·尤尔谈青少年沉默

父亲：

当和孩子的冲突已经升级到不可能再进行对话的程度，我们应该忍受多长时间的沉默？如果一个 14 岁的女孩已经六个星期没有和我们说话，应该怎么办？

耶斯佩尔·尤尔：
发生了什么特殊的事情吗？

父亲：
是的，发生了一个我自己也意想不到的情况。

耶斯佩尔·尤尔：
那么在此期间您尝试做了些什么呢？

父亲：
我尝试着去拉她的手，并对她说："我们应该再次用你和我们都喜欢的方式对待彼此。"但是这只带来了持续的沉默。不过自从那时候起，我注意到桌子上总是会出现一些便条。

耶斯佩尔·尤尔：

我有两个建议：第一，在纸条上写下你想对女儿说的话，并且自己读几次。您会发现，之前朝女儿伸出手是一种尝试，但这并不是一次成功的尝试。第二，这里缺少的是您跳出父亲的角色对她说："我做了这些和那些事，很抱歉，我应该对此负责。我很想念你，非常想再次和你一起欢度时光，和你一起交流。"发自肺腑地和女儿进行交流，而不是一味思考马上改变对方的策略。即使您做到了这些，也有可能会花费很长时间来使她改变，但是她的改变会变得越来越快。

父亲：

我应该当面和她说这些还是通过写纸条的方式呢？

耶斯佩尔·尤尔：

最好是当面交谈。如果您的女儿表现得如您描述的一样，那么您当然应该先去找她，并问她："我知道你不想和我说话，你也不想听我说任何东西。尽管如此我还是想对你说一些事情，它们总是挂在我嘴边，现在我要把它们说出来。你可以选择不听我说，但是我必须要说出来。"如果我没猜错的话，我想她不会马上来拥抱您,更有可能会选择走开,甚至可能会带着一些反抗的态度,但这是一个好的迹象。

我有一个猜测,造成现在的局面有可能是由于你们是两个截然不同的人。我认为,作为父亲和男人,我们很难知道自己到底哪里做错了。我们可以去反思,我们的伴侣也可以对我们诉说,但是我们几乎不可能理解她们说的那些可能会对我们的孩子造成多么可怕影响的东西。这就意味着,当您和女儿两个人之间的关系再一次缓和的时候,可能就是你们两个人之间建立新型关系的开端,您对孩子说:"听着,我已经注意到也感觉到了,你的母亲尝试着给我解释我做了多么可怕的事情,但是我自己却并不能理解。你可不可以跟我说一下你的感受呢?"您必须拥有与孩子对话兴趣,必须用这样的方式与孩子说话,这是一种邀请。如果您用一种令人讨厌的语气对孩子说:"行吧,我完全无法理解你的反应!"然后保持房门紧闭。那么,您肯定会从中学到一些东西,不仅是关于您女儿的,还有关于女性的。

Respekt, Vertrauen und Liebe
Was Kinder von uns brauchen

给孩子的信

致　谢

孩子的需要

给孩子的信

当谈到在21世纪将孩子教育成人的挑战时，还有另一件事情别忘了：我们也从我们的孩子那里获得了很多！我曾提出过一个建议，我们应该在孩子14岁之前给他写一封信，在信中表达自己，因为作为父母，我们的做法和想法有时候确实是自私的。我们一直都在思考"我做得够好吗？我是一个好妈妈吗？我是一个好爸爸吗？"等诸如此类的问题。当然，我们这样做是为了我们的孩子，但是与此同时我们也想着我们自己，也就是考虑我们自己的自我形象。这完全没问题，也必须这样，不幸的是我们总是忘记，我们的孩子是真实的人，他们也需要体验自己对父母有巨大价值的感受。当然，孩子不会因为父亲或者母亲只是说出"我爱你"而感到自己很有价值，这是不言而喻的，可以说，孩子在出生之时就免费获得了这个东西。

这种感受——经历和体会到自己对家长而言是充满价值的，例如当父亲或者母亲对孩子说："听着，我现在已经和你住了14年了，现在我很想跟你——尽可能简要地说一下，和你一起生活是如何丰富了我的生活以及我从你那里学到的关于我自己的东西。"我认为，您可以至少每一年在生日或者某个特殊日子对孩子这样说一次或者写一封信。您应该思考的是："我的孩子教会了我什么？"我已经在其他地方说过或者写到过，当孩子让家长非常头疼的时候，当他们真正挑战家长的时候，实际上这时孩子对家长而言是最有价值的。这时候我们就有机会学习一些关于我们自己非常本质的东西。对我而言，看重这件事情非常重要，儿童和青少年绝对需要它。

我已经重复过很多次，应该停止教育孩子。儿童和青少年从他们家长那里需要的——不是这些一直持续的"我们还没有完成任务，我们仍然是你们父母，你必须一点一点变好……"态度。在这种态度下孩子会形成这样一种立场："上天啊，当我15岁的时候他们或许就会满意了，但是没有人可以确切地知道，所以我现在干脆就停止配合他们吧。"我们时不时地谈论我们的孩子，就好像他们是我们的产品，我们对他们拥有所谓的版权。事实上，我们应该尽可能多地坐在我们最好的扶手椅上，**静静地**看着我们的孩子，并尽可能"享受"他们，没错，就是享受他们当下的样子。孩子们需要这样，成年人也需要这样。在这个世界上他们至少需要两个人无条件地爱着他们并对他们说："对我而言，你就是你，没问题！"其他的东西靠他们的朋友和老师等人的帮助去完成就好。

致谢

本书主要以耶斯佩尔·尤尔的三场演讲——"青春期——教育不再有用""教育——一个有关尊重的问题""为了一种新型的教育文化"为基础而整理成稿。

在这个过程中,我要特别感谢贝尔茨出版社的编辑佩特拉·多恩,是她将耶斯佩尔·尤尔的转录文本变成了如今充满意义的教育成果。

我要感谢努卡·马蒂斯女士,她付出了大量的努力和耐心将耶斯佩尔·尤尔演讲的录音转换为文本。我们一直保持着电话联系,以使书面文字尽可能地接近口语。

我要感谢耶斯佩尔·尤尔,感谢他总是那么自然不拘束,才使得我们可以顺利地对他进行录制和拍摄。直到今天,我们才真正准确地发掘到了在他精确的表达中隐藏的宝藏。对于他而言，用一种陌生的语言来处理复杂的关系绝非易事。

此外我还要感谢与耶斯佩尔·尤尔一起参加讲座并对家庭实验室感兴趣的许多家长和专业人士——他们提供了许多帮助。

马西斯·福尔切特
德国家庭实验室创始人兼负责人